Waldemar Spallek, Paweł Brezdeń

Geografia i przyroda Polski
Atlas ilustrowany

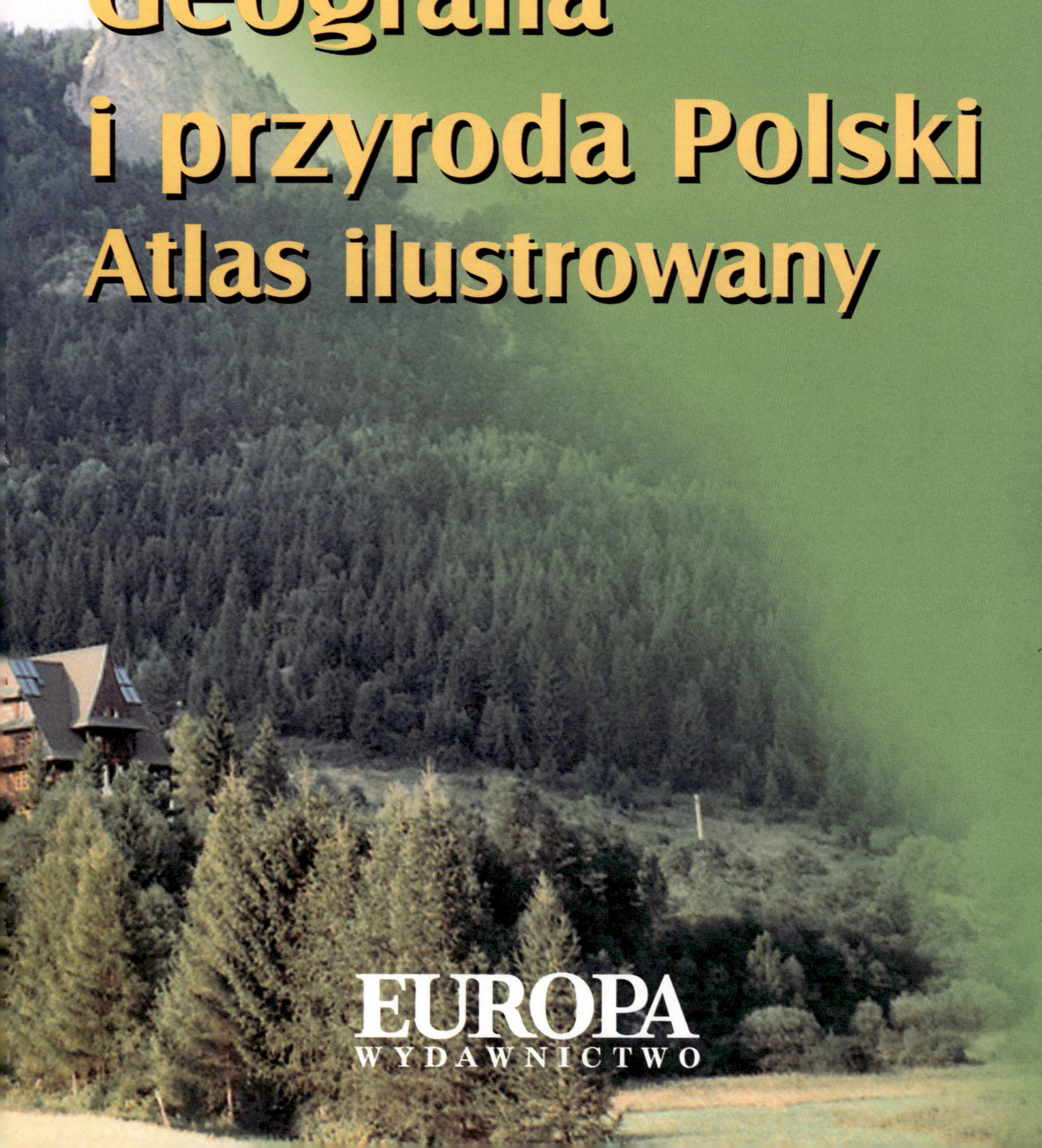

EUROPA
WYDAWNICTWO

Dyrektor, redaktor naczelny
Wojciech Głuch

Autorzy
Waldemar Spallek, Paweł Brezdeń

Koordynacja prac
Magdalena Cichoń-Siudzińska, Katarzyna Stefańska-Jokiel

Opracowanie redakcyjne
Bożena Dembińska

Redakcja i opracowanie map
Dorota Borowicz, Jan Krupski, Waldemar Spallek, Bernard Dworniok, Paweł Matecki

Opracowanie graficzne i komputerowe map
Dorota Borowicz, Waldemar Spallek, Bernard Dworniok, Paweł Matecki

Źródła danych statystycznych
Rocznik Statystyczny Polski, GUS, Warszawa 2004; Instytut Turystyki

Projekty ilustracji i diagramów
Dorota Borowicz, Jan Krupski, Waldemar Spallek

Opracowanie graficzne i komputerowe ilustracji
Klaudia Gajdel, Marcin Karolewski, Ewa Poddig, Michał Świerzawski, Beata Zdęba (Studio MAK sp. z o.o.)

Dobór materiału ilustracyjnego
Studio MAK sp. z o.o. (Małgorzata Pytel)

Fotografie
Marek Brzuska, Wojciech Domagała, Arkadiusz Dymny, Tomasz Gębuś krajobrazy.pl, Romek Kaczmarczyk, Agnieszka Kanafa, Krzysztof Kobuz, Witek Kocyłowski, Romuald Koperski, A. Kossobudzki-Orłowski, Piotr Kowalski, Wojciech Kozłowski, Jan Krupski, Robert Kuźniacki, Jurek Makieła, Maciej Malinowski, Jarosław Małkowski, Maria Mazur-Prokopiuk, Anna Michalik, Janusz Monkiewicz, Anna Olej, W. Panów, Marta Perlik, Witold Polkowski, Jarosław Sołtysek, Maciej Strzałkowski, Piotr Tałałaj, Artur Wiatr, M. Więckowski, Dariusz Zaród, Krzysztof Zygmunt, Małopolski Instytut Kultury, Parafia Ewangelicko-Augsburska w Jaworze – ksiądz T. Stawiak, Biuro RCS, internetowy bank zdjęć e-zoom.pl, serwis karkonosze.com, Urząd Miasta Zamość

Opracowanie graficzne i typograficzne
Studio MAK sp. z o.o. (Zosia Jaros)

Projekt okładki
Studio MAK sp. z o.o. (Michał Karmański)

Przygotowanie do druku
Studio MAK sp. z o.o. (Bartłomiej Bogacz)

Wydanie pierwsze 2005

ISBN 83-7407-004-8

Wydawnictwo EUROPA
ul. Kościuszki 35, 50-011 Wrocław
tel. (071) 346 30 10, faks (071) 346 30 15
e-mail: europa@wydawnictwo-europa.pl
www.wydawnictwo-europa.pl

Druk i oprawa
Przedsiębiorstwo Poligraficzno-Wydawnicze ANGRAF, Piła

Polska leży w centrum Europy. Na północy jej granicą jest Morze Bałtyckie, na południu Karpaty i Sudety. Granicę zachodnią na znacznej długości tworzą rzeki: Odra i Nysa Łużycka, wschodnią zaś długi odcinek Bugu.

Rzeczpospolita Polska jest republiką – najwyższe organy władzy powoływane są w wyborach. Opiera się na zasadach suwerenności narodu (władza pochodzi od społeczeństwa), pluralizmu politycznego (w państwie działa wiele partii) i podziale władzy na:

- ustawodawczą, sprawowaną przez Sejm i Senat, czyli Zgromadzenie Narodowe wybierane przez obywateli w powszechnych wyborach;
- wykonawczą, sprawowaną przez prezydenta i Radę Ministrów (rząd) na czele z premierem;
- sądowniczą, wykonywaną przez niezawisłe sądy i trybunały stojące na straży przestrzegania prawa.

Flaga i godło Rzeczypospolitej Polskiej

Hymn Polski

Jeszcze Polska nie zginęła,
póki my żyjemy.
Co nam obca przemoc wzięła,
szablą odbierzemy.
Marsz, marsz, Dąbrowski,
z ziemi włoskiej do Polski!
Za twoim przewodem
złączym się z narodem.

Przejdziem Wisłę,
przejdziem Wartę,
będziem Polakami,
dał nam przykład Bonaparte,
jak zwyciężać mamy.
Marsz, marsz, Dąbrowski,
z ziemi włoskiej do Polski!
Za twoim przewodem
złączym się z narodem.

Jak Czarniecki do Poznania
po szwedzkim zaborze,
dla ojczyzny ratowania
wrócim się przez morze.
Marsz, marsz, Dąbrowski,
z ziemi włoskiej do Polski!
Za twoim przewodem
złączym się z narodem.

POLSKA W EUROPIE

Położenie Polski w Środkowej Europie oraz korzystne nizinne ukształtowanie powierzchni sprawiają, iż od wieków na obszarze naszego kraju krzyżują się ważne szlaki komunikacyjne i tranzytowe:

- ze wschodu na zachód – łączące Azję i Europę Wschodnią z Europą Zachodnią;
- z północy na południe – łączące Skandynawię z Europą Południową.

Pod względem powierzchni Polska zajmuje w Europie 8. miejsce. Pod względem liczby ludności – 7. Cechą charakterystyczną procesów demograficznych w Polsce, podobnie jak w pozostałych państwach europejskich, jest postępujące starzenie się ludności. Przyczyną takiej sytuacji jest drastycznie zmniejszająca się liczba urodzeń. Spadek liczby urodzeń w Polsce jest następstwem trudnej sytuacji ekonomicznej wielu polskich rodzin. Brak miejsc pracy i najwyższy wśród państw Unii Europejskiej poziom bezrobocia nie sprzyjają zwiększaniu przyrostu naturalnego. Nie bez znaczenia jest również rozpowszechniający się wśród młodych ludzi nowy styl życia. Chęć robienia kariery zawodowej odbywa się kosztem zakładania rodziny w późniejszym wieku. Wskutek tego następuje przesunięcie średniego wieku kobiety, w którym rodzi ona pierwsze dziecko.

POLSKA W EUROPIE

Polska graniczy z 7 państwami. Wejście do Unii Europejskiej zmniejszyło rygory i formalności przy przekraczaniu granicy między krajami członkowskimi. W wypadku pozostałych państw przy przekraczaniu granicy zawsze wymagany jest paszport, a niekiedy wiza wjazdowa.

Podróżujący i przewoźnicy towarów w Polsce korzystają z różnych przejść granicznych w zależności od środka transportu. Najwięcej jest przejść drogowych, zwłaszcza na granicy południowej i zachodniej.

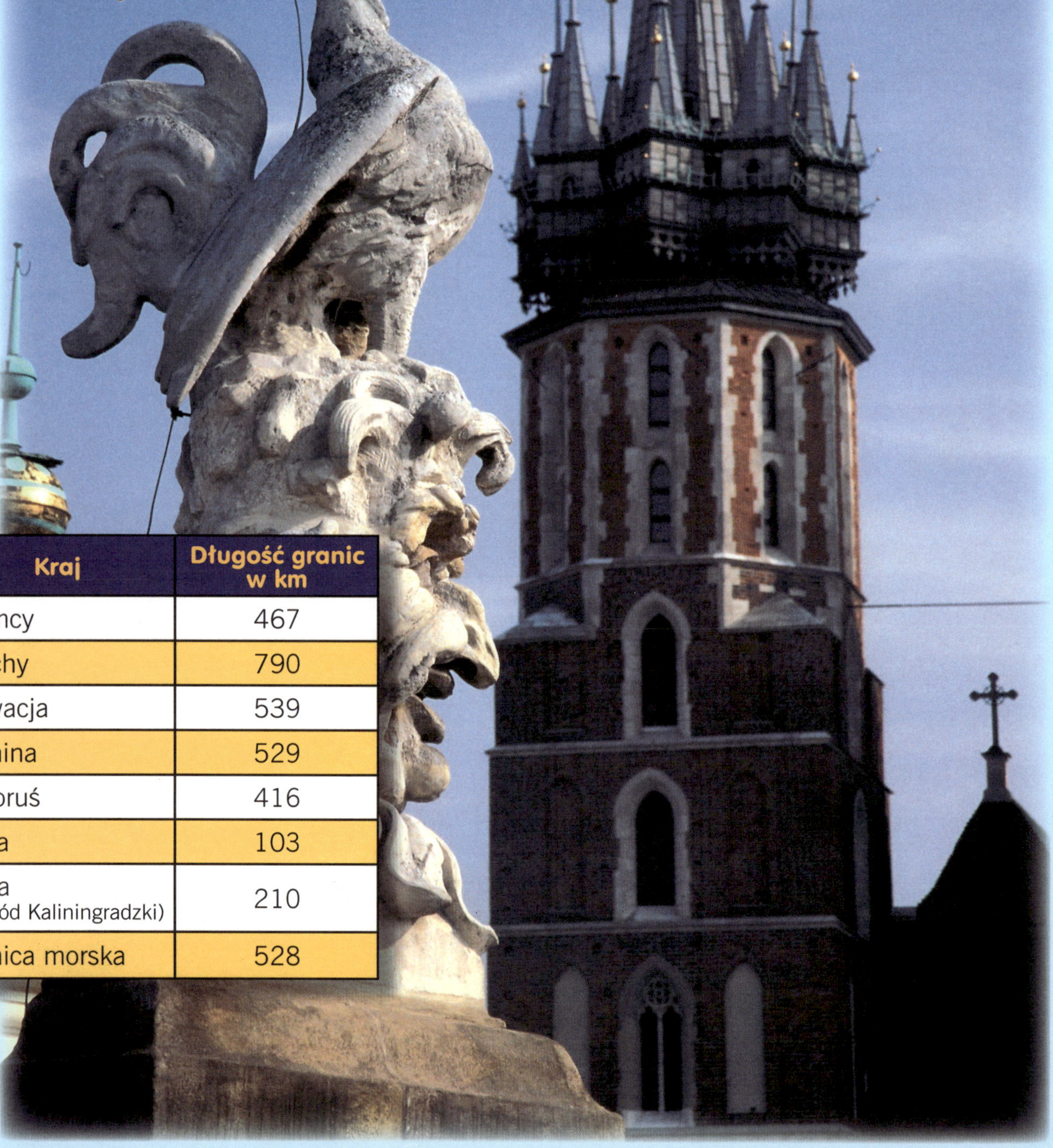

Kraj	Długość granic w km
Niemcy	467
Czechy	790
Słowacja	539
Ukraina	529
Białoruś	416
Litwa	103
Rosja (Obwód Kaliningradzki)	210
Granica morska	528

Najczęstszym celem przyjazdu do Polski są interesy, turystyka i wypoczynek oraz odwiedziny u krewnych i znajomych.

W wielu regionach zachowało się pierwotne środowisko naturalne. Najcenniejsze skarby natury są objęte ochroną w parkach narodowych i rezerwatach.

Najchętniej odwiedzane miasta to: Warszawa, Kraków, Gdańsk, Wrocław, Poznań i Szczecin. Są one bogate w liczne zabytki i atrakcyjną ofertę kulturalną.

Przyjazdy turystów do Polski według celów pobytu (2003)

Cel pobytu	%
Interesy	29
Turystyka i wypoczynek	27
Odwiedziny u krewnych i znajomych	24
Tranzyt	8
Zakupy	6
Inne cele	4
Praca dorywcza	1
Motywy religijne	1

Kraj	Liczba przyjazdów w tys.
Niemcy	25 457
Czechy	8827
Ukraina	4830
Białoruś	3830
Słowacja	2896
Rosja	1534
Litwa	1366
Łotwa	422
Austria	266
USA	250
Holandia	225
Włochy	215
Wlk. Brytania	211
Szwecja	198
Francja	180

PAŃSTWA CZŁONKOWSKIE UNII EUROPEJSKIEJ, KANDYDUJĄCE I KOOPERUJĄCE

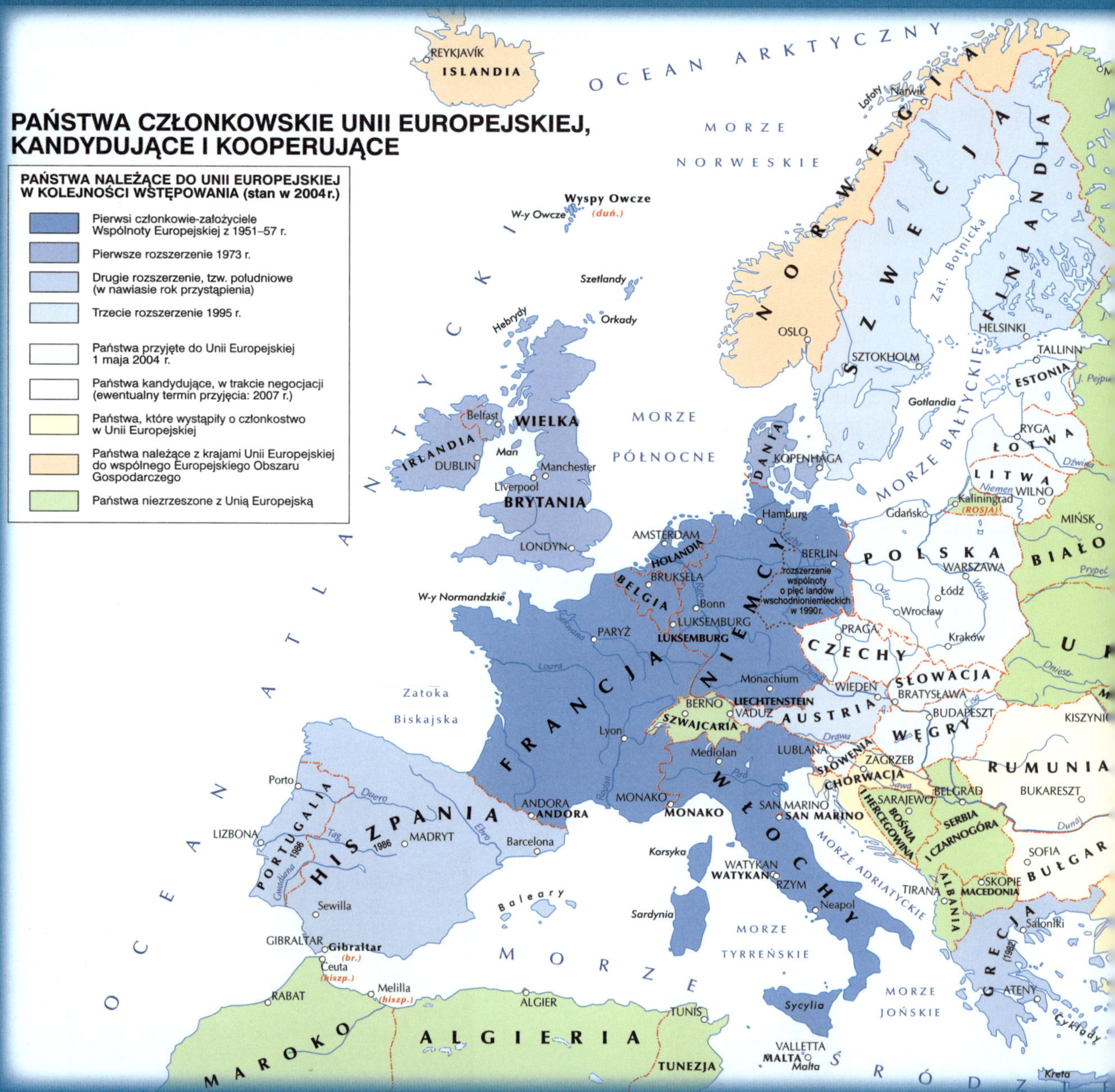

W 1951 r. w Europie Zachodniej utworzono Europejską Wspólnotę Węgla i Stali. Późniejsze rozszerzenie zakresu integracji spowodowało, że w 1957 r. powołano do życia Europejską Wspólnotę Gospodarczą (EWG), która na mocy traktatu z Maastricht z 1991 r. przekształciła się w Unię Europejską.

Początkowo Wspólnotę tworzyły: Francja, Niemcy, Włochy, Belgia, Holandia i Luksemburg. I rozszerzenie dzisiejszej Unii nastąpiło w 1973 r. – dołączyły wtedy: Wielka Brytania, Irlandia i Dania. W 1981 r. przyłączyła się Grecja, a w 1986 r. Hiszpania i Portugalia. III rozszerzenie w 1995 r.: Austria, Finlandia, Szwecja. Ostatnie, w 2004 r.: Polska, Czechy, Węgry, Słowacja, Estonia, Litwa, Łotwa, Słowenia, Malta, Cypr.

Kraj	PKB w euro na 1 mieszkańca
Luksemburg	43 300
Dania	28 000
Irlandia	27 300
Austria	27 000
Niemcy	26 200
Belgia	26 100
Finlandia	25 800
Holandia	25 800
Francja	25 400
Szwecja	24 700
Wlk. Brytania	24 700
Włochy	24 300
Hiszpania	18 900
Grecja	17 900
Portugalia	17 300
Słowenia	16 000
Cypr	15 000
Malta	15 000
Czechy	14 400
Węgry	12 000
Słowacja	11 500
Estonia	10 000
Polska	8800
Łotwa	7800
Litwa	7600

KLIMAT POLSKI

Polska leży w klimacie umiarkowanym przejściowym, pomiędzy klimatem umiarkowanym oceanicznym na zachodzie a umiarkowanym kontynentalnym na wschodzie. Taki klimat charakteryzuje się dużą zmiennością i różnorodnością stanów pogody, a także nieregularnością przebiegu poszczególnych pór roku. Suche i gorące lato jednego roku w następnym może być wilgotne i zimne. Pogodę w Polsce kształtują masy powietrza napływające znad różnych rejonów kuli ziemskiej:

- polarne morskie znad północnych rejonów Atlantyku;
- polarne kontynentalne znad Europy Wschodniej i Azji;
- zwrotnikowe morskie z rejonu Wysp Azorskich;
- zwrotnikowe kontynentalne z północnej Afryki i Azji Mniejszej;
- arktyczne znad Morza Arktycznego.

Nad obszarem Polski dominują wiatry zachodnie. W lecie częściej wieją wiatry zachodnie i północno-zachodnie, zimą zaś południowo-zachodnie. Wiatry lokalne występują nad morzem (bryza morska i lądowa). W górach wieją ciepłe, porywiste wiatry nazywane halnymi.

Przebieg temperatury i opadów w wybranych stacjach meteorologicznych w Polsce

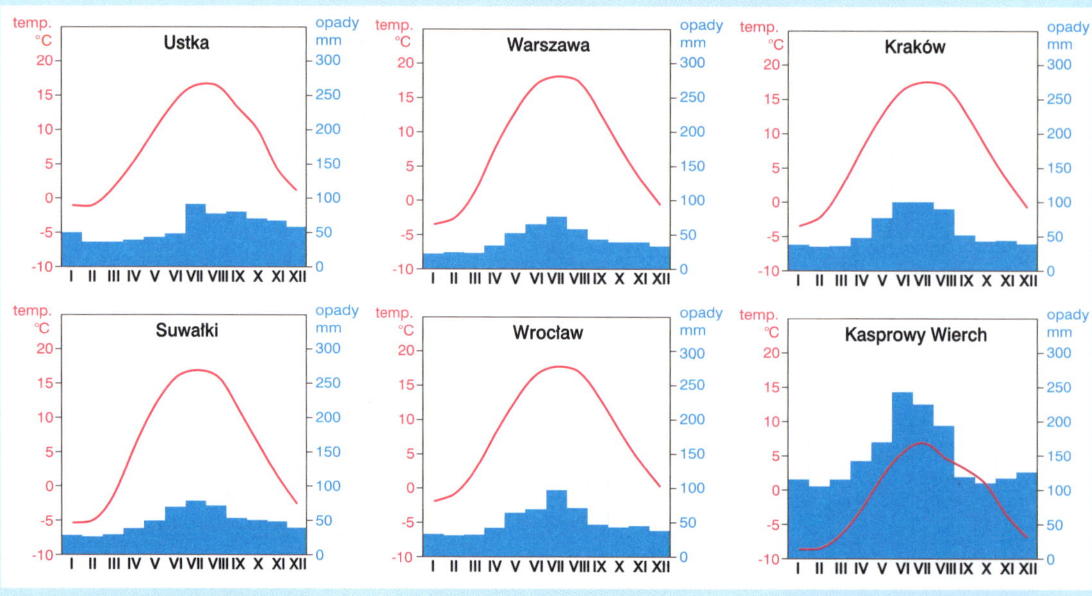

Średnia roczna suma opadów w Polsce wynosi 600 mm. Największe opady mają miejsce w południowej części kraju, szczególnie w górach. Większe opady występują także na wyżej położonych obszarach pojezierzy. Najmniejsze opady cechują Polskę centralną, szczególnie środkową część Mazowsza, Wielkopolski i Kujawy. Roczna suma opadów na tych obszarach przeważnie nie przekracza 500 mm.

Charakterystyczną cechą zachmurzenia w Polsce jest zmienność. Dotyczy to zarówno stopnia, jak i rodzaju zachmurzenia w ciągu roku. Średnie roczne zachmurzenie dla Polski wynosi ok. 70%. Najbardziej pochmurne są miesiące od listopada do stycznia. Najmniej zachmurzone niebo nad Polską występuje w miesiącach przełomu wiosny i lata oraz lata i jesieni, kiedy waha się w granicach 50–55%.

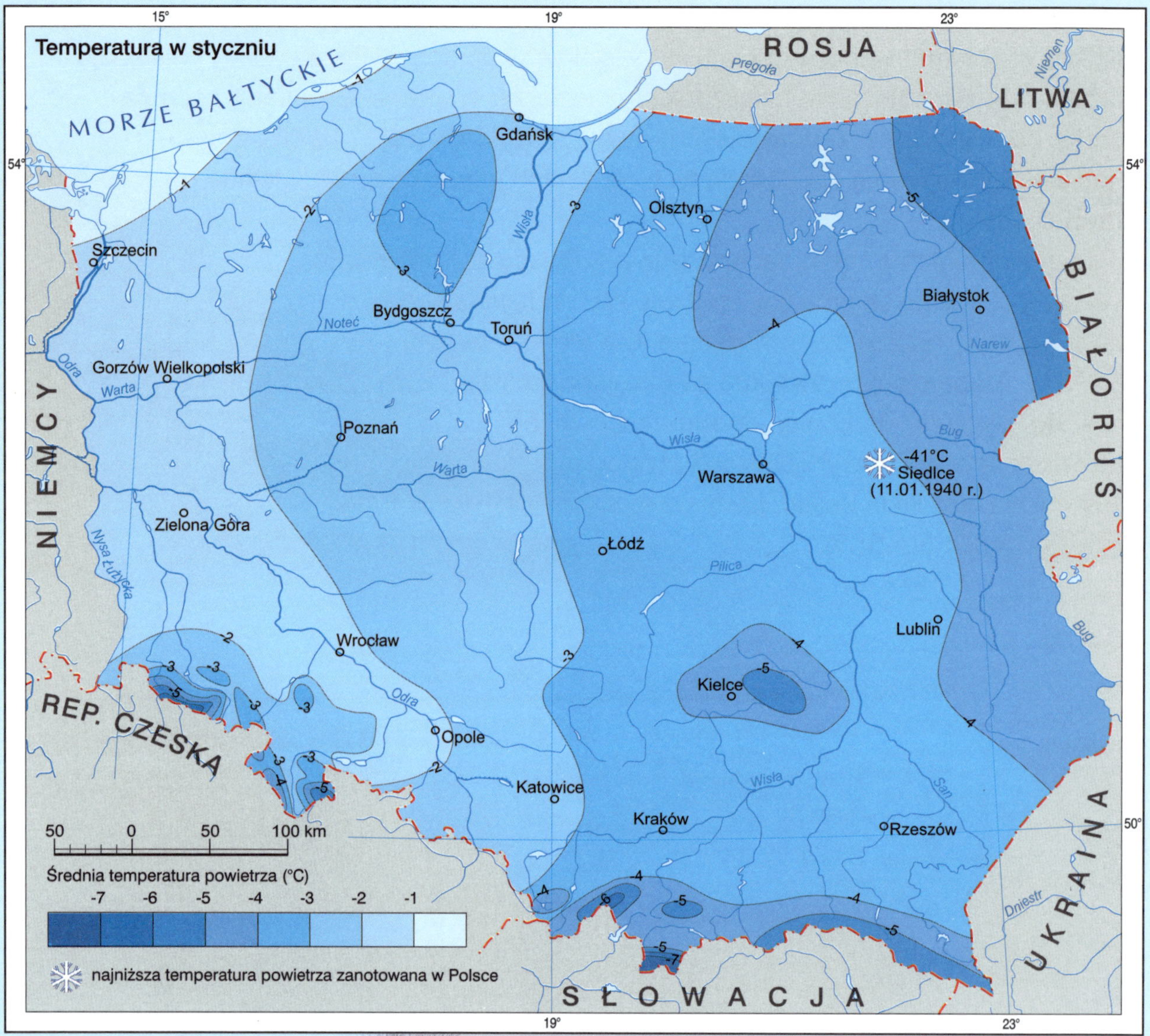

Najzimniejszym miesiącem w Polsce jest styczeń. Temperatura powietrza spada z zachodu na wschód, a izotermy mają przebieg niemal południkowy. Łagodniejsze zimy w zachodniej części kraju to efekt napływu cieplejszych mas powietrza znad Atlantyku. Najchłodniejsze są okolice Suwałk, określane popularnie „polskim biegunem zimna". Najniższą temperaturę odnotowano w Siedlcach w styczniu 1940 r.: –41°C.

Południkowy przebieg izoterm stycznia jest zaburzony bezpośrednio nad Bałtykiem, gdzie jest najcieplej, oraz w górach, gdzie temperatura spada wraz z wysokością.

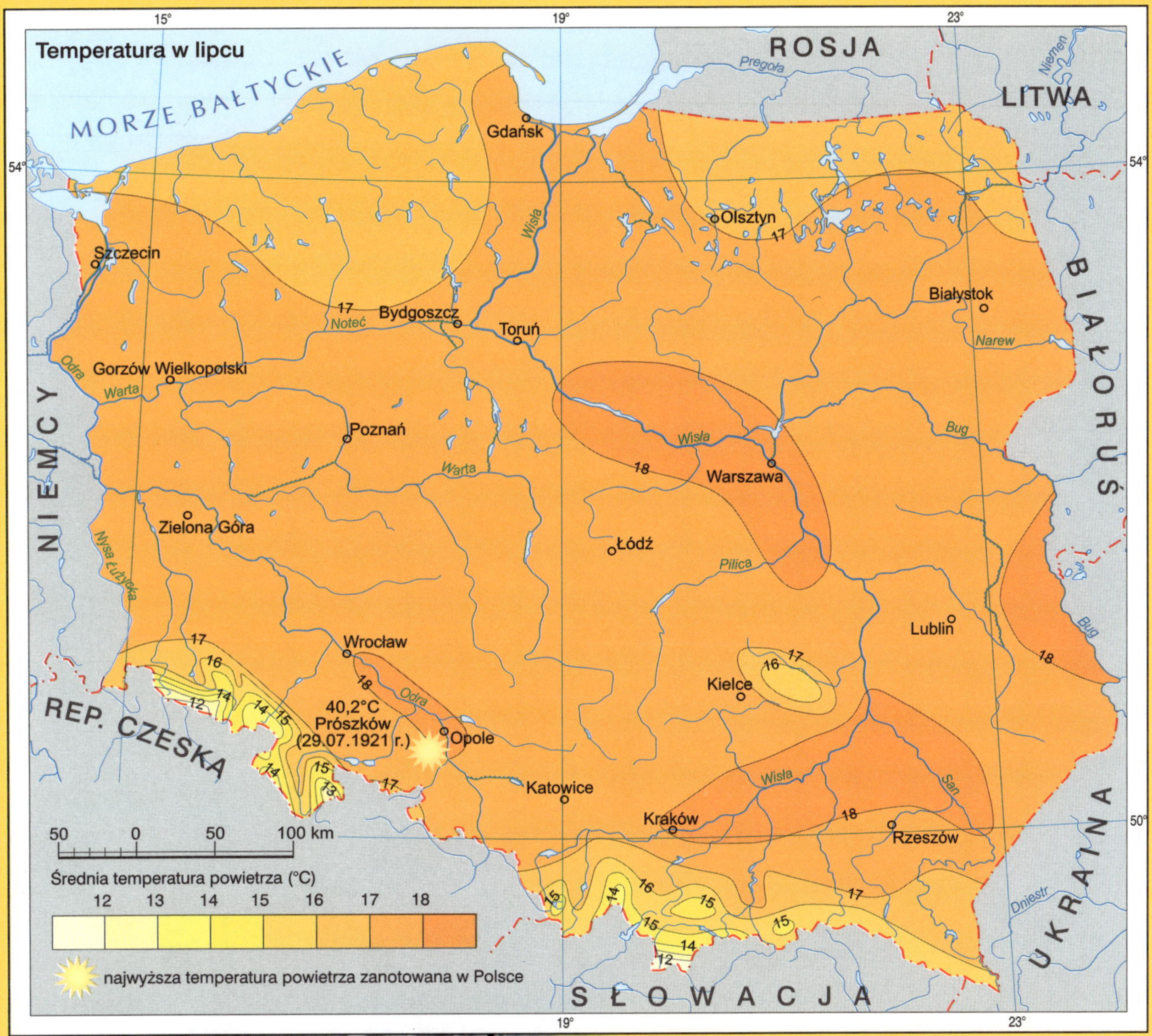

Najcieplejszy miesiąc to lipiec. Średnia temperatura wynosi 16–19°C. Obszary najcieplejsze to Kotlina Sandomierska, dolina Wisły na Mazowszu oraz dolina Odry od Opola do Wrocławia. Najwyższą temperaturę odnotowano w 1921 r. w Prószkowie na Opolszczyźnie: +40,2°C. W lipcu chłodniej jest na obszarach leżących nad Bałtykiem. To efekt ochładzającego wpływu wód morskich. Podobnie jest w górach, gdzie temperatura spada wraz w wysokością. Nasłonecznienie zależy od szerokości geograficznej, a więc od zmieniającego się w ciągu roku kąta padania promieni słonecznych i długości dnia. Na południu Polski kąt ten jest o prawie 6° większy niż na północy. Dłuższy dzień w lecie na północy (o ok. 1 godz.) wyrównuje niedobór ciepła wynikający z niższego położenia Słońca.

Prawie cała powierzchnia Polski (99,7%) leży w zlewisku Morza Bałtyckiego. Tylko niewielkie skrawki na południu należą do zlewisk Morza Północnego i Morza Czarnego.

Blisko 90% terytorium Polski to dorzecza największych rzek – Wisły i Odry. Źródła Wisły – najdłuższej rzeki Polski – znajdują się w Karpatach, na stokach Babiej Góry. Druga co do długości Odra ma swoje źródło w Czechach, w Sudetach Wschodnich.

Rzeki Polski charakteryzują znaczne wahania stanów wód, spowodowane sumą i rocznym przebiegiem opadów atmosferycznych, a także warunkami termicznymi.

W Polsce jest kilkadziesiąt tysięcy jezior naturalnych, wśród których przeważają polodowcowe. Najwięcej jezior występuje na północy, na obszarze objętym najmłodszym zlodowaceniem (Pojezierze Pomorskie, Mazurskie i Wielkopolskie).

Aby gromadzić nadmiar wody, ograniczając w ten sposób ryzyko powodzi, lub w celu zaopatrzenia w wodę miast i zakładów przemysłowych zbudowano wiele zbiorników sztucznych. Magazynuje się w nich wodę dla rolnictwa na okres suszy. Inne służą do produkcji energii i w celach rekreacyjnych.

Żegluga rzeczna

Najgłębsze jeziora Polski

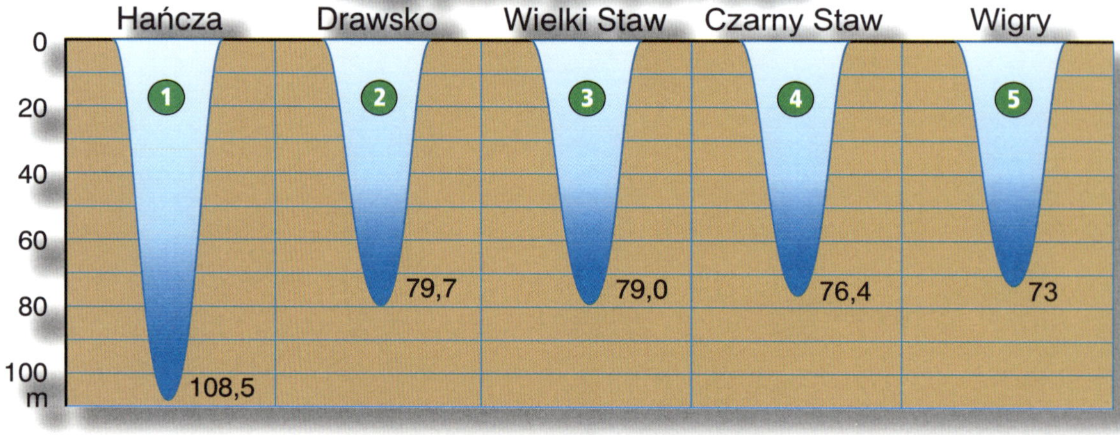

Najdłuższe rzeki Polski

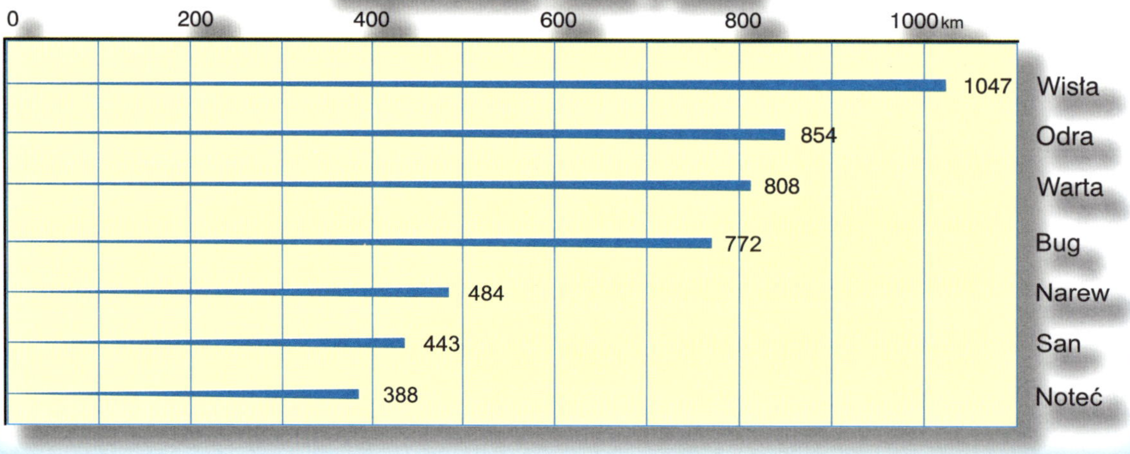

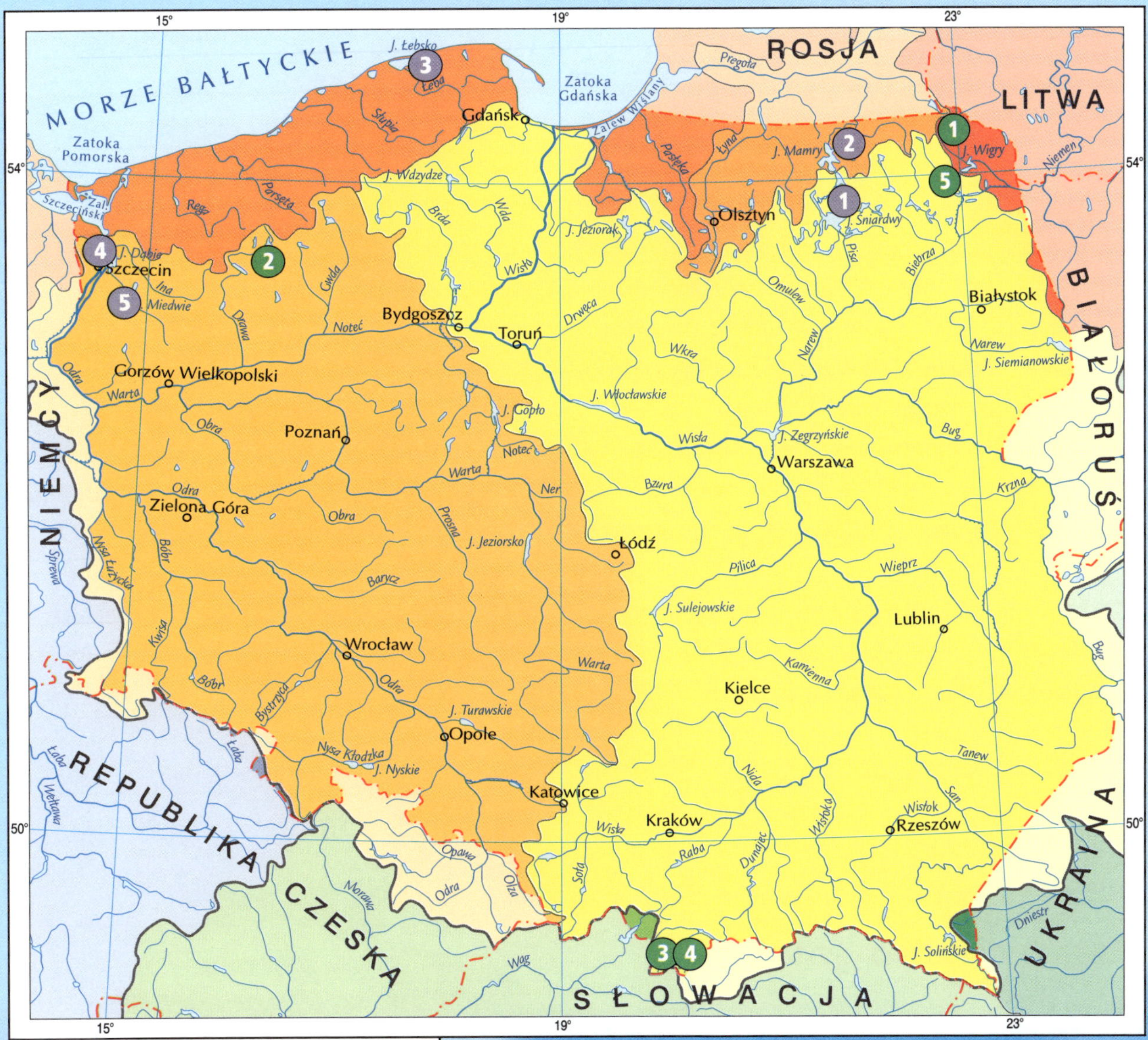

50	0	50	100 km

Zlewiska

Morza Bałtyckiego – dorzecza:	Morza Czarnego – dorzecza:
Wisły	Dunaju
Odry	Dniestru
rzek Przymorza	Dniepru
Pregoły	**Morza Północnego – dorzecze:**
Niemna	Łaby
dział wodny zlewisk	dział wodny dorzeczy

Największe jeziora Polski

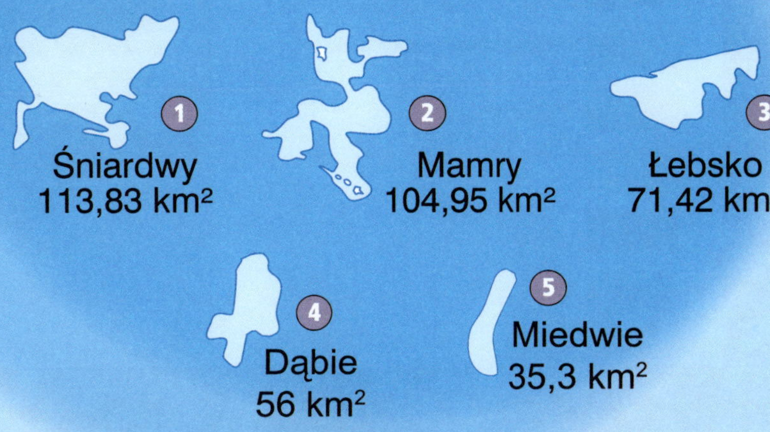

Ukształtowanie powierzchni Polski charakteryzuje równoleżnikowy układ wzniesień i nizin związany z budową geologiczną. Największą powierzchnię zajmują osady pochodzenia lodowcowego. Występują one na Pobrzeżach Południowobałtyckich i pojezierzach, Nizinach Środkowopolskich oraz w Kotlinie Sandomierskiej i Oświęcimskiej. Osady polodowcowe zbudowane są ze skał osadowych zwięzłych (gliny i iły) oraz osadowych luźnych (piaski i żwiry). Na nizinach znajdują się też osady naniesione przez rzeki i wiatr.

Budulec wyżyn to skały osadowe organiczne (wapienie) i okruchowe (piaskowce, lessy). We wnętrzu wapiennych masywów rozwijają się zjawiska krasowe.

Piaskowce i łupki ilaste występują na Wyżynie Śląskiej i w północnym obrzeżeniu Wyżyny Małopolskiej. Najwyższe wzniesienia Wyżyn Polskich tworzą Góry Świętokrzyskie, zbudowane głównie z piaskowców kwarcytowych.

Twarde skały magmowe, metamorficzne i osadowe to budulec Sudetów i Karpat. W Sudetach poza piaskowcami i łupkami ilastymi występują m.in. diabazy, porfiry, melafiry, bazalty. Z twardych granitów zbudowane są Karkonosze, ale i izolowane wzgórza na przedpolu Sudetów, np. Ślęża.

Karpaty są młodymi górami fałdowymi wypiętrzonymi podczas alpejskich ruchów górotwórczych. Naprzemianległe, grube warstwy piaskowców, łupków ilastych i zlepieńców tworzą tzw. flisz, z którego zbudowane są Beskidy. Najwyższe w Polsce Tatry zbudowane są z granitów.

Pasowy układ rzeźby

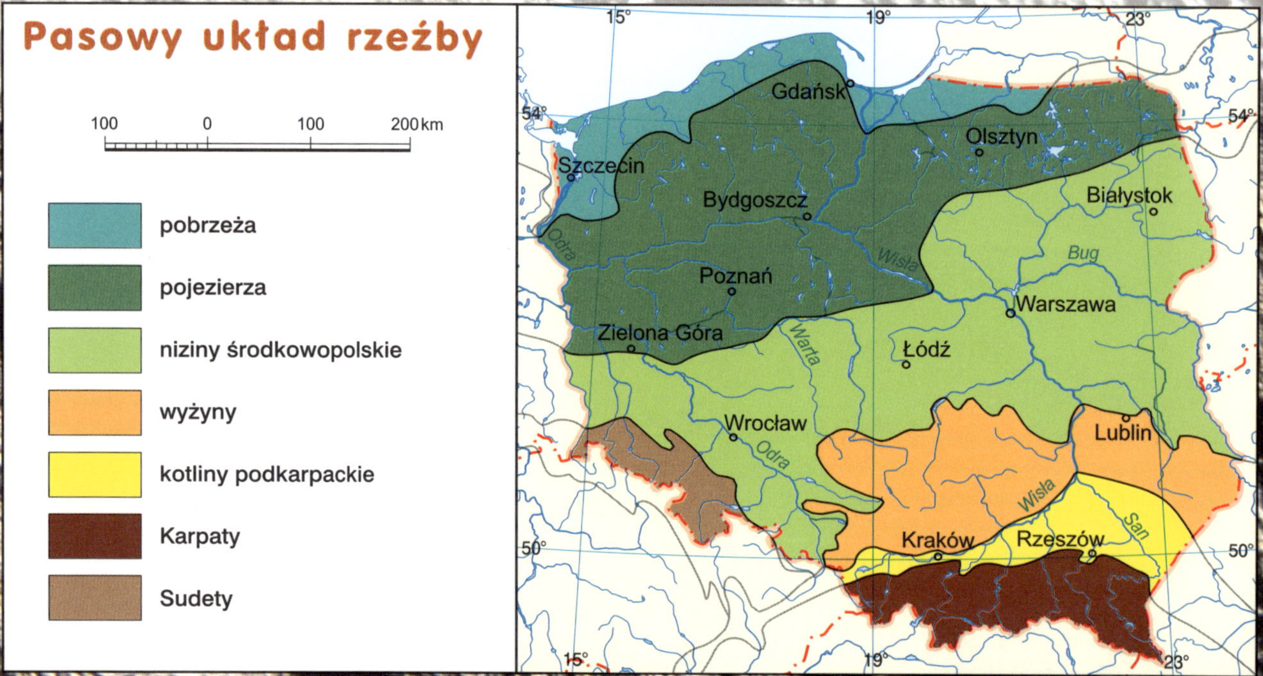

Skały i surowce mineralne w Polsce

50 0 50 100 km

Skały powierzchniowe

- piaski naniesione przez wiatr
- piaski, żwiry i iły osadzone przez rzeki
- piaski i żwiry osadzone przez wody z topniejącego lądolodu
- gliny, piaski i żwiry naniesione przez lądolód
- lessy
- wapienie
- piaskowce kwarcytowe
- piaskowce i łupki ilaste
- granity
- inne rodzaje skał

Miejsca wydobycia surowców mineralnych

- węgla kamiennego
- węgla brunatnego
- gazu ziemnego
- ropy naftowej
- rudy miedzi i srebra
- rudy cynku i ołowiu
- siarki
- soli kamiennej

Skały wapienne

Najczęściej spotykane skały powierzchniowe w Polsce

Minerały są naturalnymi składnikami skorupy ziemskiej o jednorodnym składzie chemicznym i właściwościach fizycznych. Najczęściej spotykane: kwarc, skaleń, mika i kalcyt nazywamy materiałami skałotwórczymi.

Skała to zespół minerałów tworzący się w wyniku naturalnych procesów geologicznych zachodzących we wnętrzu skorupy ziemskiej lub na jej powierzchni. Skały magmowe są efektem zastygania magmy w głębi lub na powierzchni ziemi, np. granit, bazalt. Skały osadowe to materiał mineralny nagromadzony na dnie zbiornika wodnego (rzadziej na powierzchni lądu), np. ił, less, piaskowiec, wapień, sól kamienna. Skały metamorficzne powstają z przeobrażenia (metamorfizmu) innych skał, następującego pod wpływem wysokiej temperatury i ogromnego ciśnienia, np. gnejs, marmur.

IŁ – zwięzła skała osadowa złożona z mikroskopijnej wielkości ziaren różnych minerałów.

PIASEK – luźna skała osadowa składająca się głównie z ziaren kwarcu i skaleni.

ŻWIR – luźna skała osadowa składająca się z obtoczonych okruchów skał.

GLINA – zwięzła skała osadowa składająca się z iłu z domieszką mułu, piasku, czasem żwiru.

LESS – skała osadowa zbudowana z drobnych ziarenek kwarcu z domieszką skaleni i kalcytu.

WAPIEŃ – skała osadowa składająca się głównie z kalcytu.

PIASKOWIEC – skała osadowa zbudowana ze scementowanych ze sobą ziaren piasku.

KWARCYT – skała metamorficzna powstała w wyniku przeobrażenia piaskowców.

GRANIT – najczęściej spotykana na powierzchni magmowa skała głębinowa, składająca się głównie z kwarcu, skaleni i miki.

Surowce mineralne

Polska ma znaczne złoża surowców mineralnych. Szczególnie bogate są zasoby węgla kamiennego, eksploatowane w Zagłębiu Górnośląskim i Bogdance koło Lublina. Węgiel brunatny wydobywa się w Bogatyni, Bełchatowie i koło Konina.

Mniejsze są zasoby ropy naftowej i gazu ziemnego, które eksploatuje się ze złóż karpackich i na Niżu Polskim oraz z dna Bałtyku.

W okolicach Lubina występują też bogate złoża rud miedzi i srebra. Koło Olkusza wydobywa się rudy cynku i ołowiu.

Wielkie złoża soli kamiennej eksploatowane są na pograniczu Wielkopolski i Kujaw i w małych ilościach w Wieliczce. Mamy też jedne z największych na świecie złóż siarki, którą wydobywa się w rejonie Tarnobrzega.

Z surowców skalnych najpowszechniejsze są piaski i żwiry. W pasie wyżyn szczególne znaczenie ma eksploatacja wapieni, margli i dolomitów. W kamieniołomach na południu wydobywa się m.in. granity, bazalty, porfiry, melafiry, piaskowce.

Sól

Ruda miedzi

Złoto

Profile podstawowych gleb Polski

(głębokość profili podano w centymetrach)

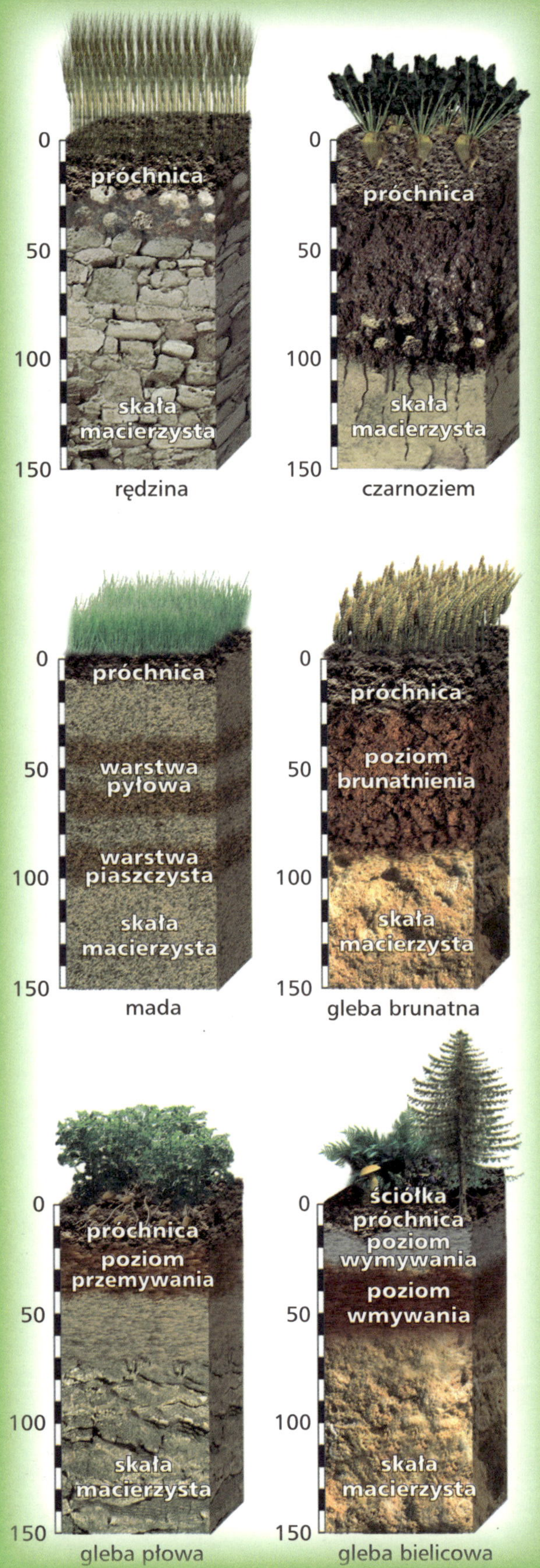

Gleba tworzy zewnętrzną powłokę litosfery, składającą się ze związków mineralnych, substancji organicznych oraz powietrza i wody. Ważna jest jej żyzność, czyli zdolność zaopatrywania roślin w składniki pokarmowe i wodę. O tym decyduje ilość substancji organicznych oraz odpowiednie uwodnienie i napowietrzenie gleby.

Najżyźniejszymi glebami w Polsce są czarnoziemy powstałe na lessach. Poziom próchniczny ma dużą miąższość, dochodzącą czasem do 1 m. Na czarnoziemach uprawia się najbardziej wymagające rośliny: pszenicę i buraki cukrowe. Żyznymi glebami są także czarne ziemie, rędziny i mady.

Większość gleb w Polsce jest średnio żyzna. Przeważają powstałe na piaskach i glinach polodowcowych gleby płowe i brunatne, zajmujące ponad połowę powierzchni kraju.

Szczególnie nieurodzajne są gleby bielicowe (ok. 25% powierzchni Polski). Mają zaledwie kilkucentymetrową warstwę próchnicy, pod którą znajduje się charakterystyczny białawy poziom wymywania, ubogi w składniki glebowe. Większość bielic porastają bory sosnowe.

Do mało urodzajnych należą występujące na terenach górskich gleby inicjalne i słabo wykształcone oraz nizinne gleby bagienne. Powstają one na bagnach i obszarach podmokłych. Mimo że cechuje je duże nagromadzenie substancji organicznych, są mało urodzajne nawet po osuszeniu.

Gleby w Polsce

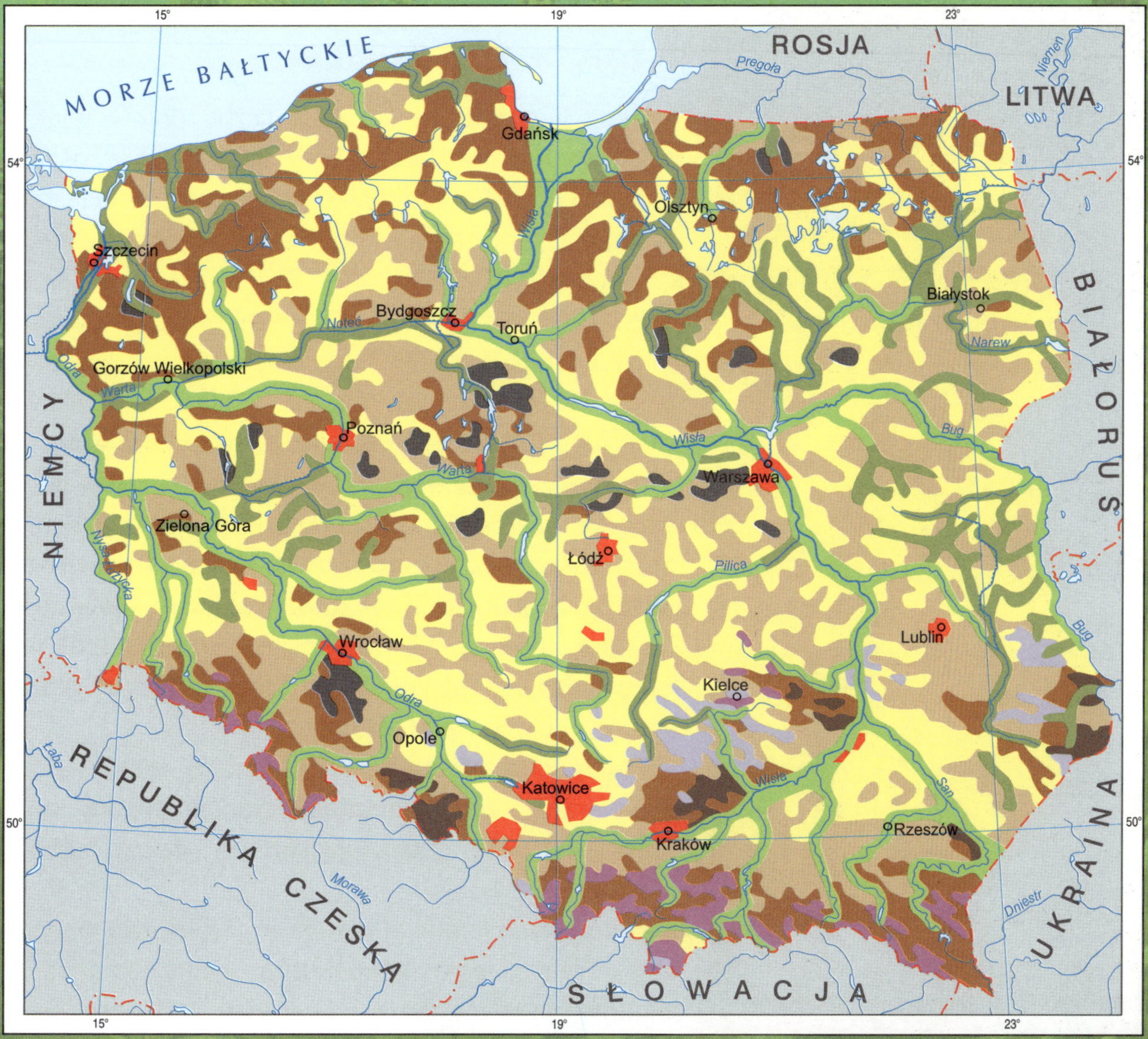

50 0 50 100 km

- gleby inicjalne i słabo wykształcone
- rędziny
- czarnoziemy
- gleby brunatne
- gleby płowe
- gleby bielicowe
- czarne ziemie
- mady
- gleby bagienne
- gleby zniszczone przez górnictwo, przemysł lub zabudowę

Ekosystem gleby

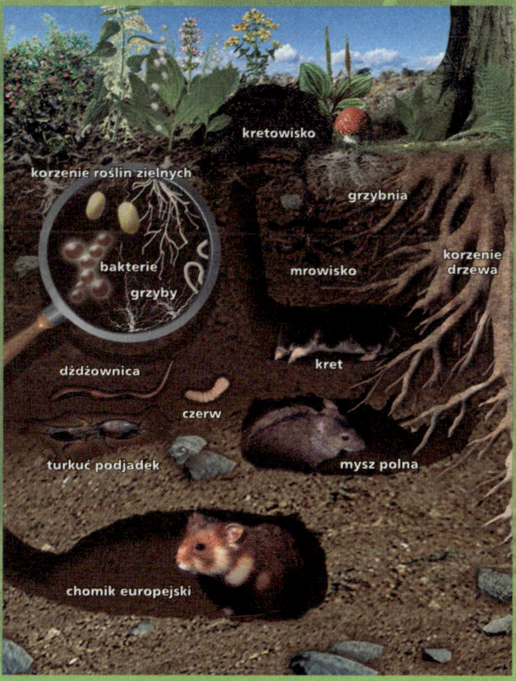

Uwarunkowania rozwoju rolnictwa w Polsce

Okres wegetacyjny oznacza liczbę dni w roku, w których możliwy jest rozwój wegetatywny roślin uprawnych. Przyjmuje się, że w Polsce warunki takie występują przy średniej dobowej temperaturze nie niższej niż +5°C.

Przeciętna długość okresu wegetacyjnego w Polsce wynosi ok. 200–210 dni. Najwcześniej zaczyna się na Nizinie Śląskiej oraz w Kotlinie Sandomierskiej, najpóźniej na Pojezierzu Kaszubskim i Suwalskim i na obszarach górskich. Najkrócej trwa w górach, we wschodniej części Pojezierza Pomorskiego, na Pojezierzu Mazurskim, a zwłaszcza na Pojezierzu Suwalskim (poniżej 180 dni). Najdłużej (powyżej 220 dni) trwa na Nizinie Śląskiej, wzdłuż środkowego i dolnego biegu Odry i Nysy Łużyckiej oraz w dolnym biegu Raby i Dunajca.

Okres wegetacyjny jest elementem składowym agroklimatu, czyli całokształtu stanów pogody na danym obszarze oddziałujących na wzrost roślin i zwierząt.

Oprócz niego na warunki rozwoju rolnictwa wpływa nasłonecznienie, temperatura, wiatry, panujące stosunki wodne, a także rodzaj gleb i odpowiednie ukształtowanie terenu. Wszystkie elementy tworzą warunki przyrodnicze rozwoju rolnictwa. W Polsce są one całkiem dobre i dlatego blisko 60% terytorium kraju jest wykorzystywana rolniczo.

Niekorzystnie na rolnictwo oddziałuje zmienność pogody i przewaga niezbyt urodzajnych gleb. Najlepsze warunki do rozwoju rolnictwa występują na Nizinie Śląskiej i Wielkopolskiej, w Kotlinie Sandomierskiej, na Wyżynie Lubelskiej, Żuławach Wiślanych i Pojezierzu Wielkopolskim. Najmniej korzystne są na obszarach górskich (Karpaty, Sudety, Góry Świętokrzyskie), na północnym wschodzie oraz na niektórych obszarach Polski zachodniej i środkowej.

Wykorzystanie użytków rolnych w Polsce

Wyszczególnienie	% użytków rolnych
Grunty orne	77
Łąki i pastwiska	22
Sady i ogrody	1

Uprawa roślin

W rolnictwie wyróżnia się produkcję roślinną i zwierzęcą. Produkcja roślinna w Polsce stanowi ok. 55% całej produkcji towarowej rolnictwa.

Największą część gruntów ornych zajmują uprawy zbóż – głównie pszenica. Wymaga ona żyznych gleb o znacznej wilgotności, uprawiana jest przede wszystkim na Nizinie Śląskiej, Wyżynie Lubelskiej i Nizinie Południowowielkopolskiej.

Uprawy jęczmienia skupiają się na Nizinie Śląskiej, Kujawach oraz Żuławach Wiślanych. Żyto ma dużo mniejsze wymagania, więc uprawia się je w Polsce środkowej i północno-wschodniej, a szczególnie na Mazowszu i Podlasiu. Coraz bardziej popularne jest pszenżyto, które zajmuje ponad 5% powierzchni zasiewów.

Po zbożach najważniejsza jest uprawa ziemniaków, niewymagających szczególnych warunków glebowych i klimatycznych.

Kolejną grupą roślin uprawnych w Polsce są rośliny przemysłowe: buraki cukrowe, rzepak, len, tytoń i chmiel. Buraki cukrowe wymagają bardzo dobrych gleb. Uprawia się je na Nizinie Śląskiej, Kujawach, Żuławach Wiślanych i Zamojszczyźnie. Równie dobrych gleb o dużej zasobności w wodę wymaga rzepak.

Łąki i pastwiska są obok upraw zbóż podstawowym źródłem paszy dla zwierząt hodowlanych. Występują w górach i dolinach rzek, szczególnie w północnej i wschodniej części Polski.

Istotną rolę w produkcji roślinnej odgrywają także sady i ogrody. Zajmują one jedynie 1% powierzchni użytków rolnych. Sadownictwo rozwinęło się głównie w Kotlinie Sandomierskiej, Wyżynie Lubelskiej i na południowym Mazowszu.

Rośliny uprawiane w Polsce

Żyto

Pszenica

Owies

Burak cukrowy

Ziemniak

Rzepak

Zwierzęta hodowlane w Polsce

Krowa

Perliczka

Indyk

Świnie

Owce

Konie

Kury

Hodowla zwierząt

Chów zwierząt ma na celu produkcję mięsa, mleka, jaj, wełny itp.

Hodowla bydła rozwija się intensywnie w Wielkopolsce, Małopolsce, Karpatach i na Podlasiu. Pogłowie trzody chlewnej w Polsce należy do największych na świecie. Głównymi regionami jej chowu są Kujawy, Wielkopolska i Opolszczyzna.

W górach, szczególnie w Karpatach, prowadzi się wypas owiec. Ich pogłowie w ostatnich latach znacznie zmalało. Powiększa się natomiast liczba kóz ze względu na łatwość ich utrzymania i dostarczane przez nie zdrowe i dietetyczne mleko.

Duże znaczenie gospodarcze ma hodowla drobiu: kur, kaczek, gęsi, indyków, a ostatnimi laty także strusi. Rozwija się też chów zwierząt futerkowych: lisów, szynszyli i nutrii.

Polska znana jest z hodowli koni, zwłaszcza krwi arabskiej. Słynne na całym świecie stadniny znajdują się w Janowie Podlaskim i Michałowie.

Źródła zanieczyszczeń

Polska należy do krajów o najbardziej zdegradowanym środowisku w Europie. Normy zanieczyszczeń zostały najbardziej przekroczone w tzw. obszarach ekologicznego zagrożenia. Obejmują one tereny, na których nastąpiło całkowite załamanie stanu równowagi ekologicznej. W zdegradowanym środowisku nie zachodzą procesy samooczyszczania. Roślinność jest osłabiona i podatna na atak szkodników. Mieszkańcy są narażeni na utratę zdrowia i choroby związane ze stanem środowiska, np. choroby układu oddechowego i nowotwory.

W ostatnich latach obserwowana jest stopniowa poprawa czystości powietrza i zmniejszenie emisji zanieczyszczeń atmosferycznych. Jest to wynik unowocześnienia technologii w przemyśle i energetyce, ale też likwidacji wielu przestarzałych i nieprzynoszących zysków przedsiębiorstw.

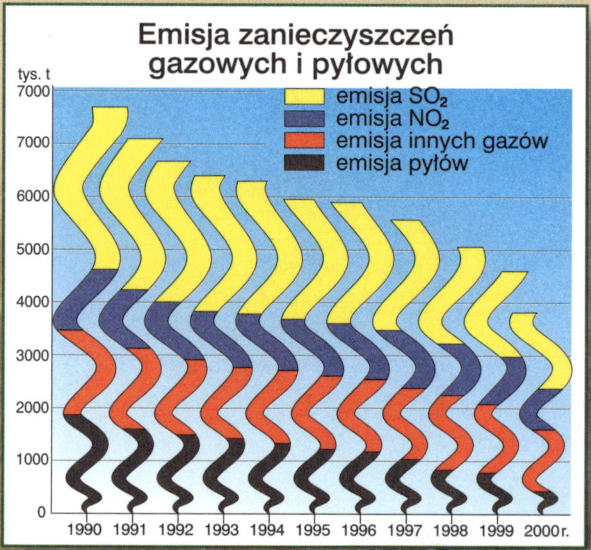

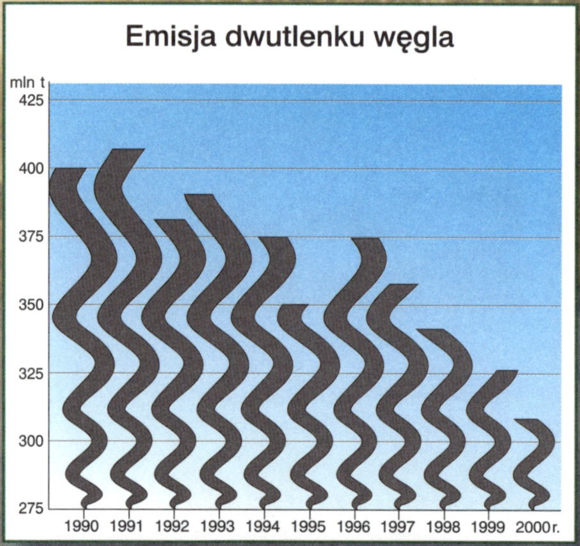

DEGRADACJA ŚRODOWISKA

Źródła zanieczyszczeń

50 0 50 100 km

zakłady przemysłowe najbardziej uciążliwe dla środowiska

płocki granice obszarów ekologicznego zagrożenia i ich nazwy

Emisja gazowych i pyłowych zanieczyszczeń powietrza na obszarach ekologicznego zagrożenia

średnia | wysoka | bardzo wysoka

Składowisko niebezpiecznych odpadów

Czynniki wpływające na wzrost efektu cieplarnianego

SKUTKI EFEKTU CIEPLARNIANEGO

Wzrost liczby huraganów – wiatrołom

Wzrost średniej temperatury powietrza – niektóre ptaki nie odlatują na zimę do ciepłych krajów

Atmosfera przepuszcza znaczną część promieniowania słonecznego, które dociera do powierzchni Ziemi i ją ogrzewa. Powierzchnia Ziemi emituje promieniowanie cieplne, w znacznym stopniu pochłaniane przez znajdujące się w atmosferze cząsteczki pary wodnej, dwutlenku węgla i kropelki wody w chmurach. Energia przekazana atmosferze jest przez nią wypromieniowywana przede wszystkim z powrotem w stronę Ziemi. Jest to tzw. promieniowanie zwrotne, będące podstawową przyczyną występowania naturalnego efektu cieplarnianego. Powoduje on, że średnia temperatura na Ziemi wynosi ok. +15°C zamiast ok. –18°C.

W wyniku działalności gospodarczej człowieka w atmosferze zwiększa się stężenie tzw. gazów cieplarnianych (dwutlenek węgla, metan, tlenki azotu, ozon, freony). Powoduje to wzrost efektu cieplarnianego, a co za tym idzie – podnoszenie się temperatury i zmianę klimatu na Ziemi.

Kwaśne deszcze – schemat powstawania

Kwaśne deszcze powstają na obszarach, na których przez długi czas do atmosfery emitowane są duże ilości dwutlenku siarki i tlenków azotu. Związki te powstają podczas spalania paliw kopalnych: węgla kamiennego i brunatnego, ropy naftowej i gazu ziemnego. Głównym źródłem zanieczyszczeń są huty, koksownie, elektrownie węglowe i transport. Część emisji dwutlenku siarki pochodzi ze źródeł naturalnych – czynnych wulkanów i z rozkładu materii organicznej.

Tlenki siarki i azotu łączą się z kroplami wody znajdującymi się w atmosferze. W ten sposób powstają chmury złożone z cząsteczek kwasów siarkowego i azotowego oraz cząsteczek wody. Padające z nich kwaśne deszcze negatywnie wpływają na ekosystemy leśne (głównie lasy iglaste). Zakwaszają glebę, przyspieszają korozję, niszczą budowle z piaskowca i wapienia.

SKUTKI KWAŚNYCH DESZCZÓW

Las iglasty zniszczony przez kwaśne deszcze w Górach Izerskich

Architektura zniszczona przez kwaśne deszcze

Degradacja lasów i wód

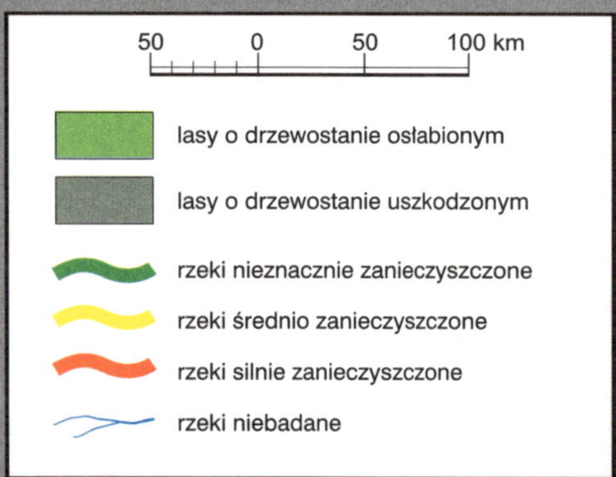

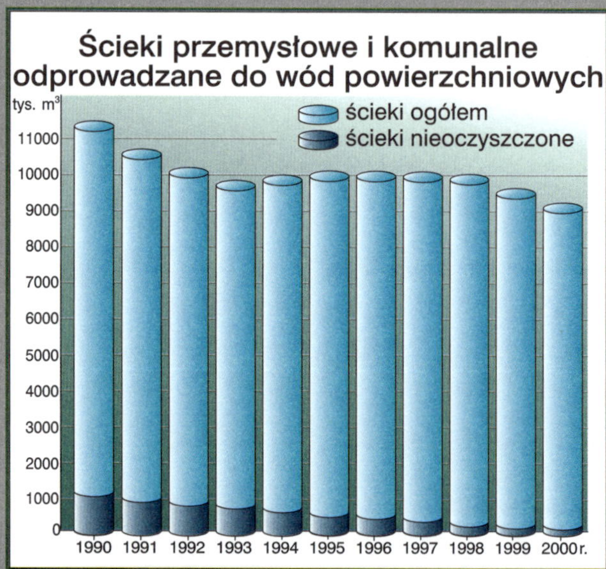

Zanieczyszczenie powietrza powoduje, że na lasy spadają tony pyłów i kwaśne deszcze. Drzewa są osłabione i podatne na atak szkodników i choroby. W konsekwencji dochodzi do uszkodzenia, a nawet do zniszczenia lasu.

Ilość ścieków przemysłowych i komunalnych odprowadzanych do wód powierzchniowych zmniejsza się w wyniku zmian technologicznych w przemyśle. Powstaje też coraz więcej oczyszczalni w miastach i na wsi. Mimo zmniejszenia ilości ścieków stan czystości rzek i jezior nie polepsza się – do wód dostają się ogromne ilości zanieczyszczeń spływających z pól, na których używa się nawozów sztucznych. Nadal też wiele miejscowości i zakładów przemysłowych nie ma oczyszczalni ścieków.

Problem stanowią odpady, których ilość rośnie w coraz szybszym tempie. Odpady stanowią zagrożenie dla zdrowia ludzi i czystości środowiska.

Wzrost ilości odpadów i powierzchni wysypisk w Polsce

	1990 r.	1995 r.	2000 r.
Odpady stałe wywiezione z bydynków mieszkalnych (1 kosz = 1000 m³)	27 897 m³	29 404 m³	34 510 m³
Powierzchnia wysypisk odpadów (1 symbol = 100 ha)	2630 ha	3022 ha	3125 ha

Średnie zużycie wody przez jednego mieszkańca w gospodarstwie domowym podczas codziennych czynności (w litrach)

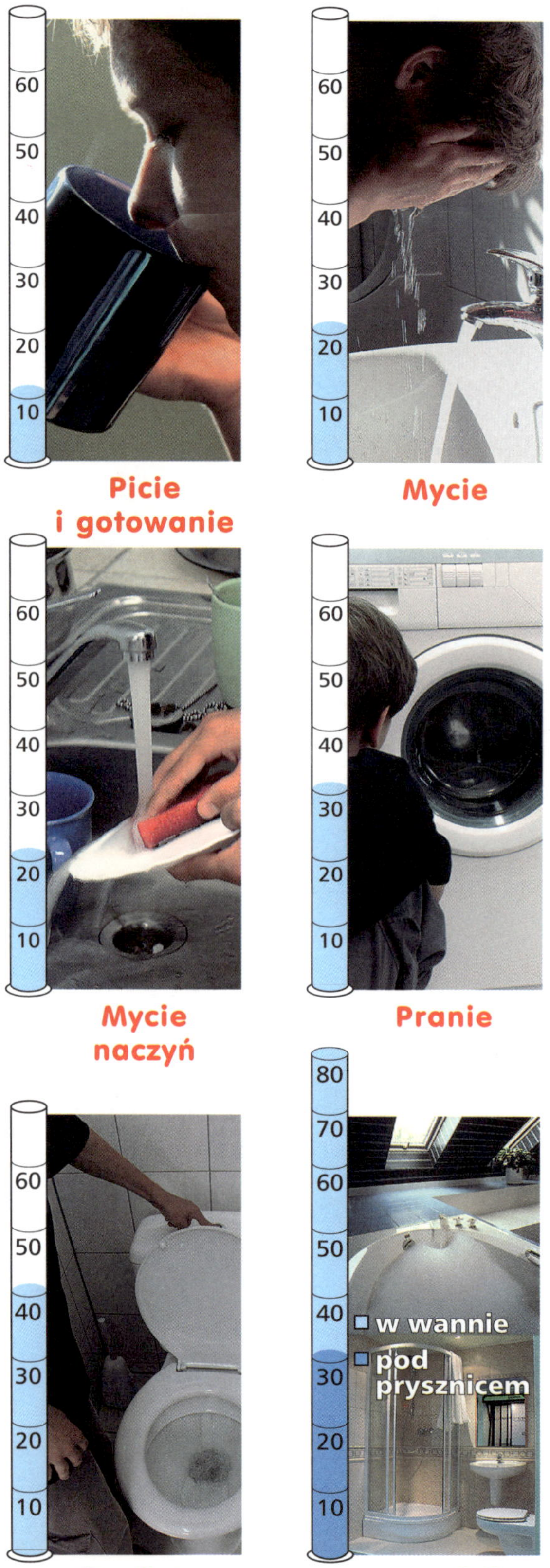

Polska należy do krajów o najmniejszych zasobach wody w przeliczeniu na 1 mieszkańca w Europie. Każdego dnia do sieci kanalizacyjnej spływają ogromne ilości detergentów używanych w środkach myjących i piorących, substancji ropopochodnych, rozpuszczalników. Dlatego tak ważne jest oszczędzanie wody i zapobieganie jej zanieczyszczaniu.

Często nie zdajemy sobie sprawy, ile wody zużywamy podczas codziennych czynności w domu. Około 75% dziennego zużycia wody przypada na urządzenia łazienkowe, przede wszystkim toaletę. Tylko niewielka część jest spożywana przez człowieka podczas jedzenia i picia.

Chcąc oszczędzać wodę, należy zacząć od najprostszych działań: nie myć naczyń pod bieżącą wodą, jeżeli pierzemy mało ubrań, włączyć program oszczędnościowy w pralce automatycznej. Zamiast kąpieli w wannie lepiej wziąć prysznic.

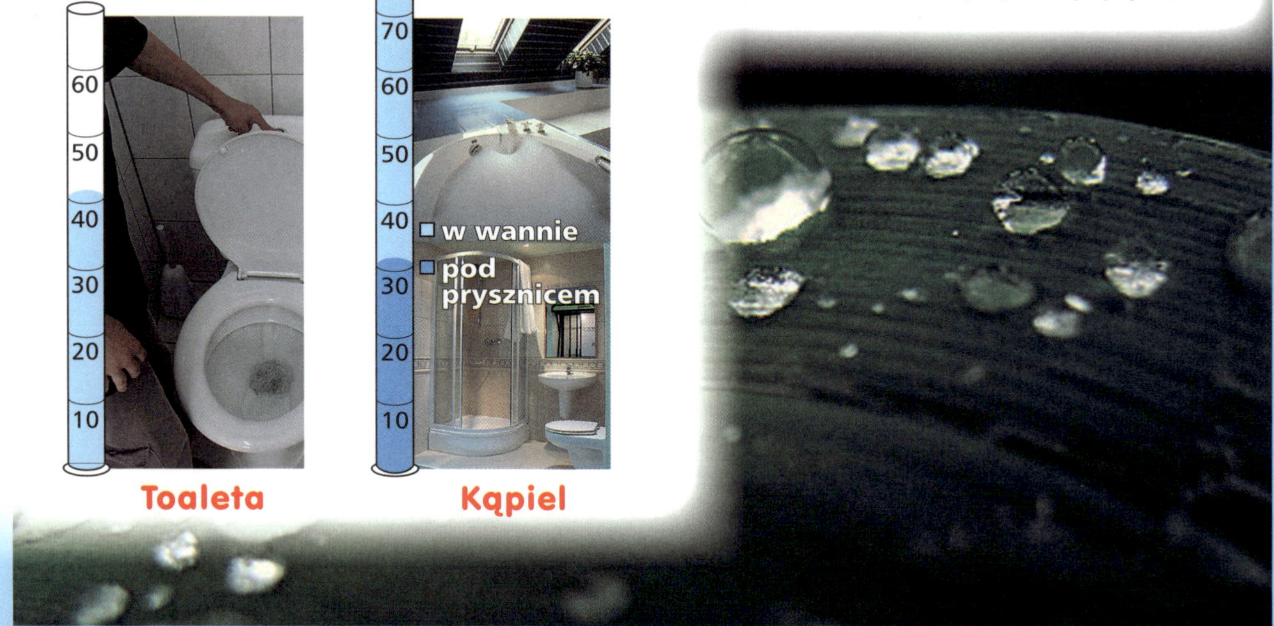

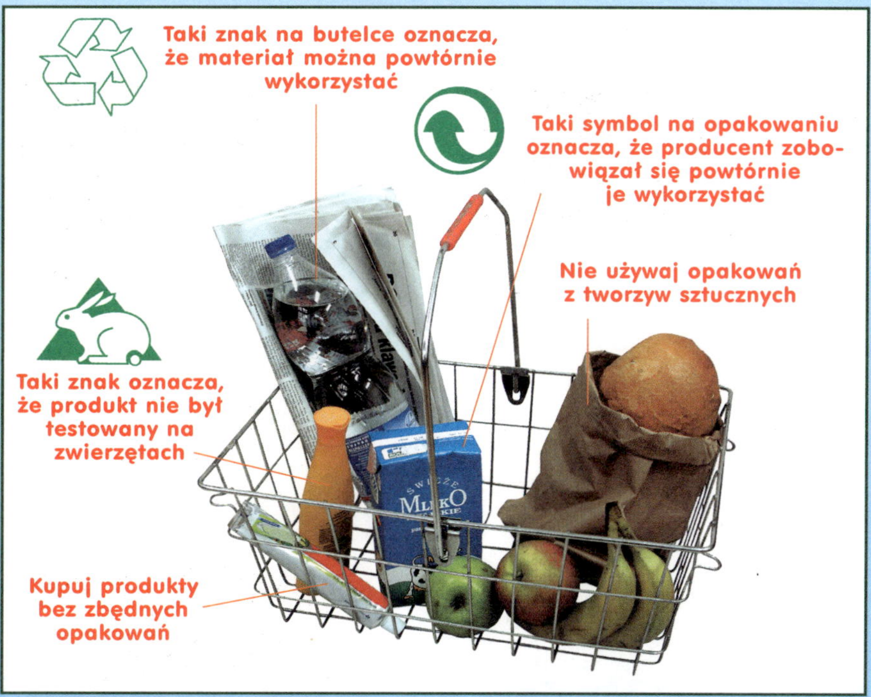

Każdy z nas codziennie wpływa na stan środowiska. Robiąc zakupy możemy zauważyć, że wiele towarów znajduje się w jednorazowych opakowaniach z tworzyw sztucznych. Wybierając towary na półkach w sklepie, należy zwrócić uwagę na umieszczone na nich oznaczenia, które informują o wpływie tych produktów lub ich opakowań na środowisko.

Coraz większa świadomość negatywnego oddziaływania człowieka na środowisko naturalne wpływa na podejmowanie różnorodnych działań zmierzających do jego ochrony. Nad i pod drogami, na których ginie wiele zwierząt chcących przejść przez jezdnię, buduje się specjalne przejścia. Powstają nowe oczyszczalnie ścieków, tereny zdegradowane rekultywuje się, obsadzając je drzewami. W zakładach przemysłowych buduje się instalacje wyłapujące tlenki siarki i azotu ze spalin emitowanych do atmosfery. W samochodach montuje się katalizatory.

Nowoczesna oczyszczalnia ścieków

Przejście dla zwierząt nad autostradą

Przejście dla żab pod drogą

Młody odrastający las

Jak można chronić przyrodę

Jednym z ważnych działań, mającym na celu ochronę środowiska naturalnego, jest edukacja ekologiczna społeczeństwa. Prasa, radio i telewizja przedstawiają przykłady negatywnych i pozytywnych zachowań, którymi człowiek oddziałuje na środowisko. Dzięki temu każdy może się przekonać, że nawet proste działania pojedynczych osób mają znaczenie dla ochrony przyrody. Dlatego np. w wielu miejscowościach w Polsce upowszechnia się system segregacji śmieci.

Dzieci w szkole biorą udział w zbieraniu makulatury czy w akcji „sprzątanie świata". Opiekują się zwierzętami, sadzą drzewa, na lekcjach uczą się o wzajemnych relacjach zachodzących między składnikami ekosystemów. Wzrastają w przeświadczeniu, że zwierzęta, rośliny i cała przyroda są cennymi składnikami krajobrazu Ziemi. Dzięki temu w dorosłym życiu będą brały większą odpowiedzialność za skutki swoich działań.

Alternatywne źródła energii

Działaniem zmniejszającym ilość emitowanych zanieczyszczeń i chroniącym zasoby naturalne jest wykorzystanie alternatywnych źródeł energii. Energia słońca, wody, wiatru i wnętrza Ziemi nie powoduje żadnych zanieczyszczeń. Jest przyjazna dla człowieka i środowiska.

Wykorzystanie energii z alternatywnych źródeł pozwoli na zmniejszenie emisji gazów powstałych podczas spalania paliw kopalnych. Jest to jeden z ważnych warunków, dzięki któremu będzie można w przyszłości wyraźnie spowolnić wzrost efektu cieplarnianego oraz ograniczyć występowanie kwaśnych deszczów.

W Polsce prawie cała produkcja energii elektrycznej bazuje na spalaniu węgla kamiennego i brunatnego. Tylko niewielka część pochodzi ze źródeł odnawialnych. Są to głównie elektrownie wodne i nieliczne elektrownie wiatrowe.

Wiatrak

W Polsce około 95% terytorium porasta różnorodna roślinność. Głównie są to posadzone przez człowieka rośliny uprawne. Najważniejszym typem zbiorowisk roślinnych są lasy pokrywające niemal 30% powierzchni kraju. One też w większości zostały posadzone przez człowieka. Wskutek jego działań prawie w całej Polsce dominują bory sosnowe.

Nieliczne pozostałości pierwotnych lasów mieszanych (Puszcza Białowieska i Kampinoska) objęto ochroną w ramach parków narodowych. W podobny sposób chronione są unikatowe zbiorowiska roślinności bagiennej w Dolinie Biebrzy, wydmowej na Pobrzeżu Słowińskim czy wysokogórskiej w Tatrach i Karkonoszach.

Wybrane rośliny chronione w Polsce

kosodrzewina

szarotka alpejska

cis pospolity

grzybień północny

sasanka

śnieżyczka przebiśnieg

szafran spiski (krokus)

Poza cennymi zbiorowiskami roślinnymi prawnej ochronie podlegają szczególnie rzadkie gatunki roślin. Wśród nich najcenniejsze są endemity, czyli rośliny niewystępujące poza Polską, jak np. brzoza ojcowska.

pióropusznik strusi

mikołajek nadmorski

brzoza ojcowska

W Polsce, mimo znacznego przekształcenia środowiska, żyje wiele dzikich zwierząt. Rzadkie i zagrożone wyginięciem gatunki objęto prawną ochroną. Nie wolno ich zabijać i niszczyć ich naturalnych siedlisk. Dużym zagrożeniem dla nich są m.in. zanieczyszczenia atmosferyczne, nadmierne nawożenie gleb, a także kłusownicy.

bóbr

Wśród chronionych zwierząt znajdują się zarówno maleńkie owady i pajęczaki, jak i największe polskie ssaki – niedźwiedź brunatny, łoś i żubr. Specyficzną grupę stanowią płazy i gady – wszystkie gatunki żyjące w naszym kraju podlegają prawnej ochronie.

bocian biały

Dzięki ochronie niektóre gatunki, jak np. bóbr, uniknęły zagłady, a ich liczebność wzrasta.

Bielik, którego wizerunek widnieje w godle naszego kraju, to największy ptak drapieżny Polski. Jest bardzo rzadki, toteż chroniąc go przed kłusownikami, nie ujawnia się położenia jego gniazd.

ropucha zielona

bielik

kos

Wybrane zwierzęta chronione w Polsce

żubr

rusałka pawik

jeż

żółw błotny

trzmiel

Formy prawnej ochrony przyrody w Polsce

Park narodowy jest najwyższą formą ochrony obszarów o unikatowych walorach przyrodniczych i krajobrazowych. Ruch turystyczny w parku odbywa się wyłącznie po wyznaczonych szlakach. W Polsce są obecnie 23 parki narodowe, reprezentujące większość głównych środowisk przyrodniczych.

Najstarszy jest Białowieski Park Narodowy, w którego granicach ochronie podlega zachowany naturalny europejski las nizinny mieszany i liściasty. Ma on wyraźną strukturę warstwową z bogatym podszytem i runem leśnym. Park jest ostoją wielu zagrożonych i rzadkich gatunków kręgowców. Największym z nich jest żubr, zwany królem puszczy.

Kilka polskich parków narodowych i jeden rezerwat wpisano na Światową Listę Rezerwatów Biosfery UNESCO, obejmujących unikatowe w skali świata ekosystemy lądowe i wodne o wielkiej bioróżnorodności.

Innymi formami ochrony przyrody w Polsce są rezerwaty, parki krajobrazowe oraz obszary chronionego krajobrazu.

Warstwy lasu (wysokości w metrach)

dąb bezszypułkowy

buk zwyczajny

brzoza brodawkowata

Obszary chronione w Polsce

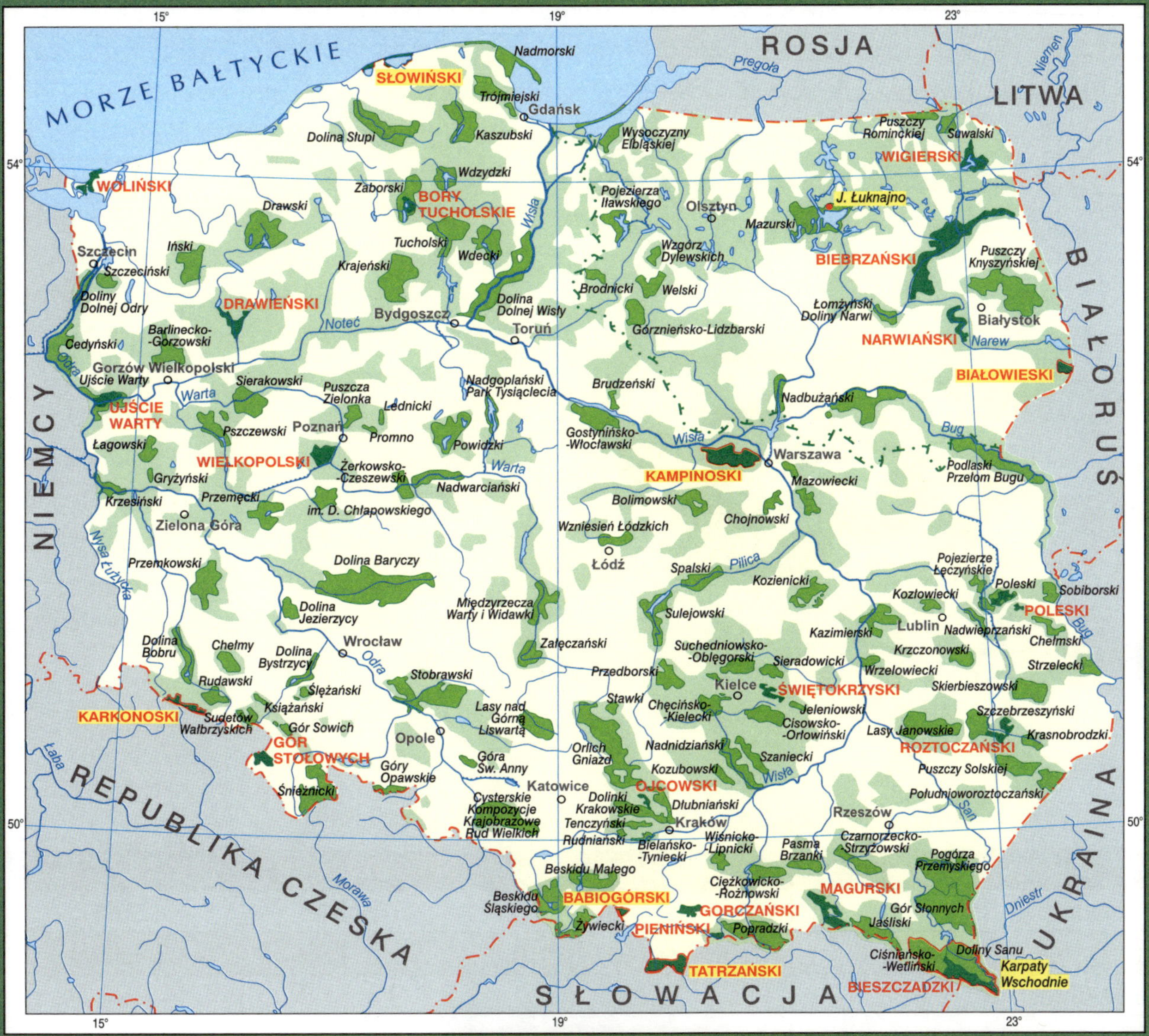

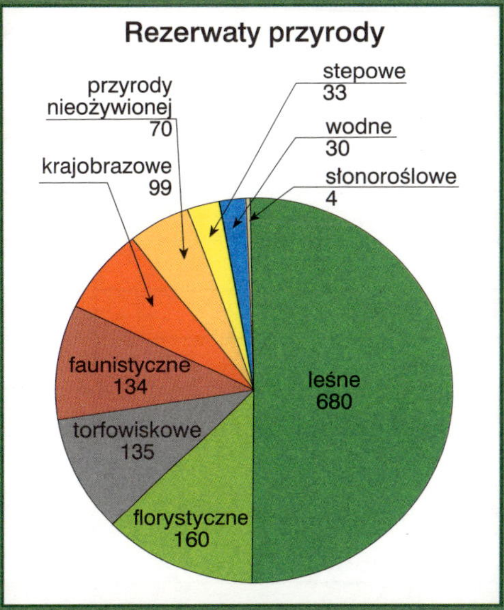

Podział administracyjny Polski

Sprawne kierowanie państwem wymaga podziału jego terytorium na mniejsze jednostki administracyjne. Od 1 stycznia 1999 r. wprowadzono nowy trójstopniowy podział terytorialny kraju. Pierwszy stopień tworzy 16 województw, które swoim zasięgiem i nazwami nawiązują do historycznych dzielnic Polski. Drugi stopień to 314 samorządowych powiatów i 65 miast na prawach powiatu, a trzeci – 2478 samorządowych gmin.

Rynek i ratusz w Chełmnie

We wszystkich województwach największe miasto jest zarazem siedzibą wojewody i sejmiku województwa. Jedynie w województwach lubuskim i kujawsko-pomorskim siedziby wojewody i sejmiku znajdują się w różnych miastach. W Lubuskiem wojewoda rezyduje w Gorzowie Wielkopolskim, a sejmik w Zielonej Górze. W wypadku województwa kujawsko-pomorskiego siedzibą wojewody jest Bydgoszcz, a sejmiku – Toruń.

Informacje statystyczne o województwach

Województwo	Główne miasto	Pow. w km²	Ludność w tys.
dolnośląskie	Wrocław	19 948	2898,3
kujawsko-pomorskie	Bydgoszcz, Toruń	17 970	2068,1
lubelskie	Lublin	25 114	2191,2
lubuskie	Gorzów Wlkp., Zielona Góra	13 989	1008,8
łódzkie	Łódź	18 219	2597,1
małopolskie	Kraków	15 190	3252,9
mazowieckie	Warszawa	35 579	5135,7
opolskie	Opole	9412	1055,7
podkarpackie	Rzeszów	17 844	2097,2
podlaskie	Białystok	20 180	1205,1
pomorskie	Gdańsk	18 293	2188,9
śląskie	Katowice	12 331	4715,0
świętokrzyskie	Kielce	11 691	1291,6
warmińsko-mazurskie	Olsztyn	24 203	1428,9
wielkopolskie	Poznań	29 826	3359,9
zachodniopomorskie	Szczecin	22 896	1696,1

Źródło: Rocznik Statystyczny Województw, GUS, Warszawa 2004

Rzeczpospolita Polska w 2004 r.

Skala 1 : 5 000 000 (1 cm = 50 km)

- granice państw w 2004 r.
- granice województw
- ŁÓDŹ stolice województw

Herb Poznania

Mapa hipsometryczna Polski

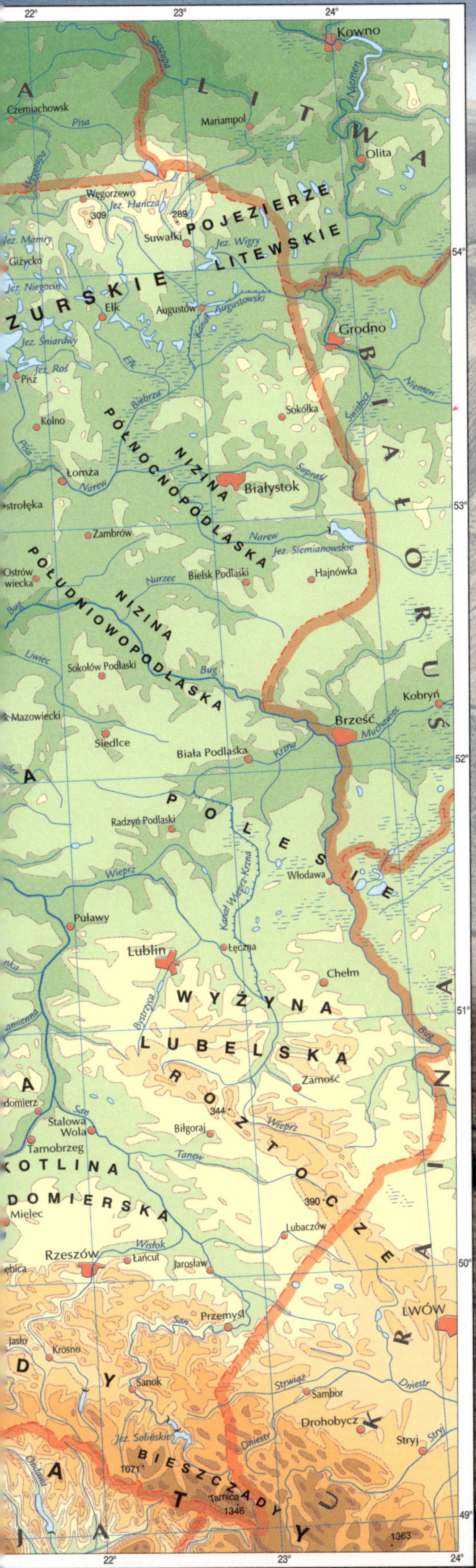

Polska jest krajem nizinnym. Obszary wznoszące się do wysokości 200 m n.p.m. stanowią aż 75% terytorium kraju. Średnia wysokość terenu wynosi zaledwie 173 m n.p.m.

Ukształtowanie powierzchni Polski charakteryzuje równoleżnikowy układ pasów rzeźby. Ogólnie jej powierzchnia jest pochylona z południowego wschodu na północny zachód.

Północną i środkową część kraju zajmują niziny. Składają się one z trzech pasów rzeźby. Zaczynając od północy, są to: Pobrzeża Południowobałtyckie, pojezierza i Niziny Środkowopolskie.

Na południu z nizinami stykają się dwa pasy rzeźby. Na wschodzie są to Wyżyny Polskie, w których obrębie znajduje się niewielkie pasmo niskich Gór Świętokrzyskich. Na zachodzie zaś są to stare góry – Sudety.

Na południe od pasa wyżyn rozciąga się strefa fałdowań alpejskich. Tworzy ją pas Kotlin Podkarpackich i młode góry fałdowe – Karpaty.

Pas pobrzeży charakteryzuje się lekko falistą rzeźbą. Zbudowany jest z utworów polodowcowych, rzecznych, morskich i eolicznych.

Plaża

Równiny pobrzeży przecinają doliny licznych rzek. Ich ujścia mają formę delt i estuariów (ujścia lejkowate). Największą deltę utworzyła Wisła. Między jej ramionami ujściowymi: Nogatem, Szkarpową i właściwą Wisłą naniesione osady ukształtowały płaski teren zwany Żuławami Wiślanymi.

Wybrzeże klifowe

Rozwój wybrzeża klifowego

Wybrzeże Bałtyku jest mało zróżnicowane. Większe wygięcie linii brzegowej tworzą Zatoka Pomorska z Zalewem Szczecińskim oraz Zatoka Gdańska z Zalewem Wiślanym. Dominują piaszczyste, niskie brzegi. W miejscach, w których brzeg jest wysoki, fale morskie podcinają go, tworząc klify. Wybrzeża klifowe możemy oglądać na wyspie Wolin, w okolicach Gdyni na Oksywiu i Orłowie, a także na przylądku Rozewie.

Płynące równolegle do brzegu prądy morskie transportują piasek i żwir. Wyrównują linię brzegową Bałtyku, tworząc piaszczyste plaże oraz wąskie i długie półwyspy, zwane mierzejami (Mierzeja Helska, Mierzeja Wiślana). Z czasem wydłużające się mierzeje odcinają zatoki od morza, tworząc jeziora przybrzeżne, jak np. Łebsko i Jamno.

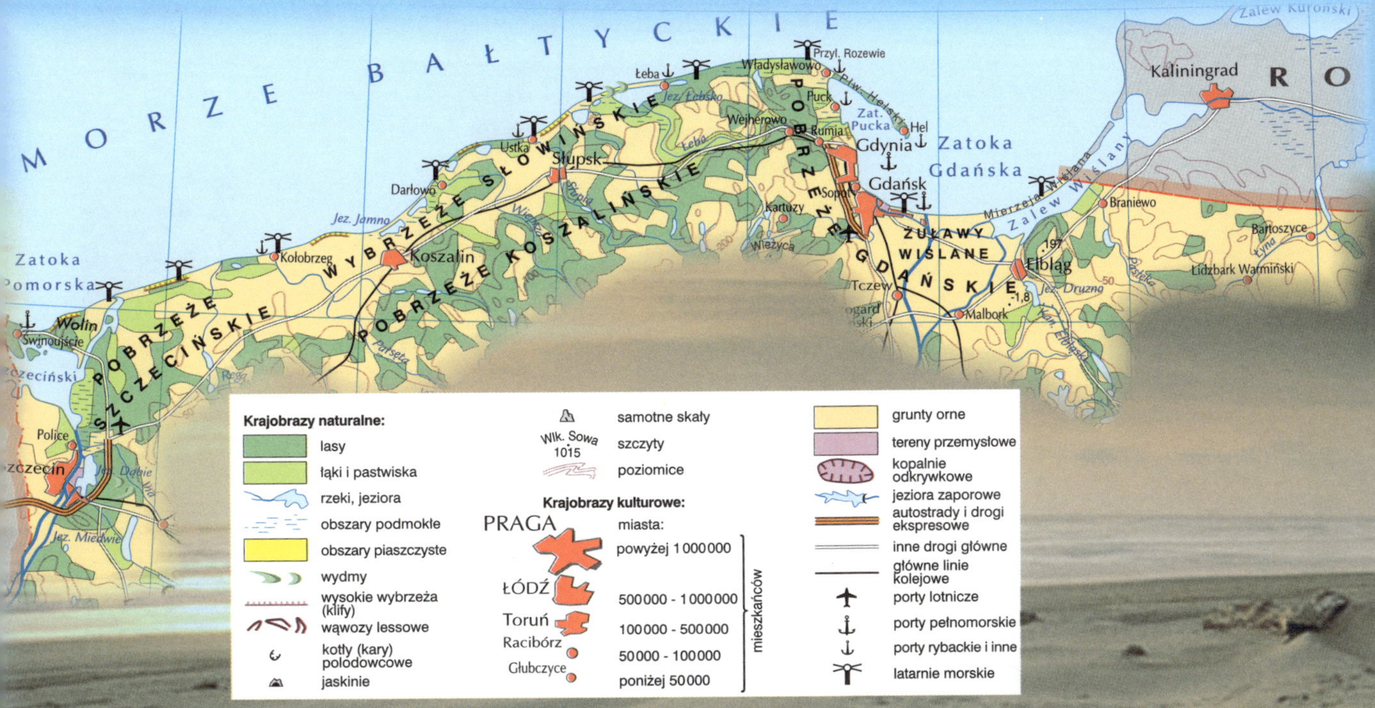

Na mierzejach występują liczne wydmy. Porośnięte lasami są unieruchomione, ale pozbawione roślinności przemieszczają się. Przyczyną wędrówki wydm jest przesypywanie się piasku przewiewanego przez wiatr. Wydmy osiągają znaczne wysokości – nawet do 55 m. Te występujące w okolicach Łeby należą do największych i najwyższych w środkowej Europie.

Świna, cieśnina oddzielająca wyspę Uznam od Wolina, tworzy deltę wsteczną, która powstaje w wyniku przelewania się wód Bałtyku do Zalewu Szczecińskiego.

Wydmy

Mierzeja

Ekosystem wybrzeża

Wolin jest największą wyspą w Polsce – jego powierzchnia wynosi 265 km^2. Środkową część wyspy zajmuje Woliński Park Narodowy, utworzony w 1960 r. Obejmuje urozmaicone krajobrazy wysoczyzny morenowej z jeziorami polodowcowymi i wybrzeża klifowe. Obszar parku porastają dobrze zachowane lasy dębowe, sosnowe i bukowe. Najcenniejszymi gatunkami zwierząt chronionych są orły bieliki, kanie rude i łabędzie nieme.

W zachodniej części Wolińskiego Parku Narodowego znajduje się jezioro Wicko Wielkie i delta wsteczna Świny. Te podmokłe obszary stanowią znakomite lęgowiska dla wielu gatunków ptaków wodnych, żywiących się rybami morskimi, skorupiakami i mięczakami. Na terenie parku występują cenne stanowiska roślin. Na uwagę zasługują także storczyki, podmokłe olsy, słone łąki. Na wydmach rosną kępy traw i chroniony mikołajek nadmorski.

Wolin – Jezioro Turkusowe

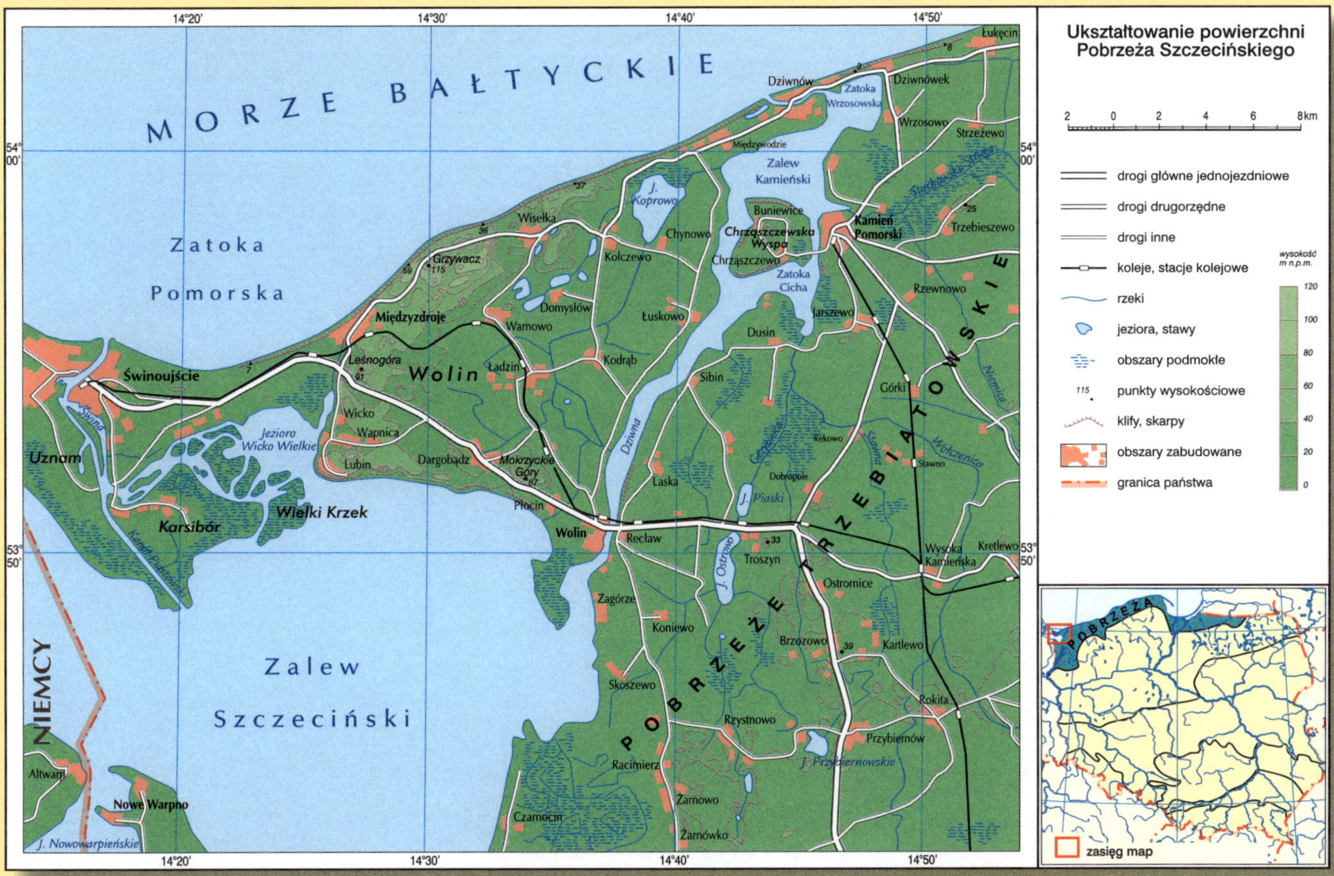
Ukształtowanie powierzchni Pobrzeża Szczecińskiego
2 0 2 4 6 8km
drogi główne jednojezdniowe
drogi drugorzędne
drogi inne
koleje, stacje kolejowe
rzeki
jeziora, stawy
obszary podmokłe
punkty wysokościowe
klify, skarpy
obszary zabudowane
granica państwa
wysokość m n.p.m.
120
100
80
60
40
20
0
zasięg map
POBRZEŻA
14°20'
14°30'
14°40'
14°50'
54° 00'
53° 50'
MORZE BAŁTYCKIE
Zatoka Pomorska
Zalew Szczeciński
NIEMCY
Świnoujście
Uznam
Karsibór
Wielki Krzek
Jezioro Wicko Wielkie
Międzyzdroje
Wolin
Lubin
Wicko
Wapnica
Dargobądz
Mokrzyckie Góry
Płocin
Recław
Troszyn
Ostromice
Zagórze
Koniewo
Skoszewo
Racimierz
Czarnocin
Żarnowo
Żarnówka
Brzozowo
Kartlewo
Rokita
Przybiernów
Rzystnowo
Wysoka Kamieńska
Kretlewo
Stawno
Dobropole
Rekowo
Górki
Laska
Sibin
Kodrąb
Łuskowo
Dusin
Jarszewo
Rzewnowo
Trzebieszewo
Strzeżewo
Wrzosowo
Dziwnówek
Dziwnów
Łukęcin
Zatoka Wrzosowska
Międzywodzie
Zalew Kamieński
Kamień Pomorski
Buniewice
Chrząszczewska Wyspa
Chrząszczewo
Zatoka Cicha
Chynowo
Kołczewo
Wisełka
J. Koprowo
Grzywacz 115
Domysłów
Warnowo
Ładzin
Leśnogóra
J. Ostrowo
J. Piaski
J. Przybiernowskie
Dziwna
Świna
Altwarp
Nowe Warpno
J. Nowowarpieńskie
POBRZEŻE TRZEBIATOWSKIE

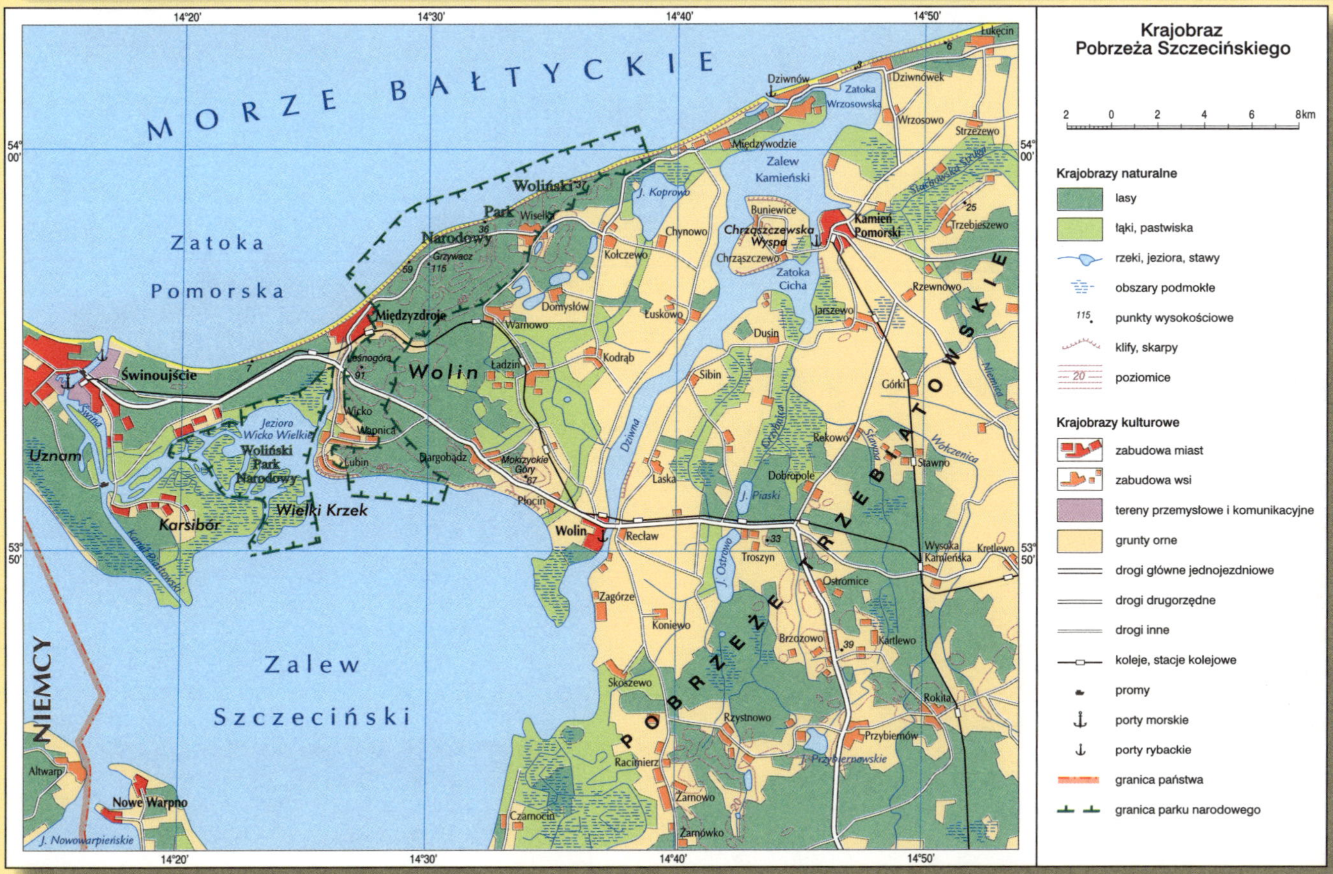
Krajobraz Pobrzeża Szczecińskiego
2 0 2 4 6 8km
Krajobrazy naturalne
lasy
łąki, pastwiska
rzeki, jeziora, stawy
obszary podmokłe
punkty wysokościowe
klify, skarpy
poziomice
Krajobrazy kulturowe
zabudowa miast
zabudowa wsi
tereny przemysłowe i komunikacyjne
grunty orne
drogi główne jednojezdniowe
drogi drugorzędne
drogi inne
koleje, stacje kolejowe
promy
porty morskie
porty rybackie
granica państwa
granica parku narodowego
14°20'
14°30'
14°40'
14°50'
54° 00'
53° 50'
MORZE BAŁTYCKIE
Zatoka Pomorska
Zalew Szczeciński
NIEMCY
Woliński Park Narodowy
Świnoujście
Uznam
Karsibór
Wielki Krzek
Międzyzdroje
Wolin
Lubin
Dargobądz
Recław
Troszyn
Ostromice
Zagórze
Koniewo
Skoszewo
Racimierz
Czarnocin
Żarnowo
Żarnówka
Brzozowo
Kartlewo
Rokita
Przybiernów
Rzystnowo
Wysoka Kamieńska
Kretlewo
Stawno
Dobropole
Rekowo
Górki
Laska
Sibin
Kodrąb
Łuskowo
Dusin
Jarszewo
Rzewnowo
Trzebieszewo
Strzeżewo
Wrzosowo
Dziwnówek
Dziwnów
Łukęcin
Międzywodzie
Zalew Kamieński
Kamień Pomorski
Chrząszczewska Wyspa
Chynowo
Kołczewo
Domysłów
Warnowo
Ładzin
Altwarp
Nowe Warpno
J. Nowowarpieńskie
POBRZEŻE TRZEBIATOWSKIE

Wybrzeże Bałtyku należy do najatrakcyjniejszych regionów turystycznych w Polsce. Szerokie, piaszczyste, ciągnące się kilometrami plaże, wydmy i lasy sprzyjają rozwojowi turystyki wypoczynkowej. Polskie morze oferuje też znakomite warunki do uprawiania sportów wodnych, np. windsurfingu na wodach Zatoki Puckiej.

Poza wypoczynkiem nad morzem Pobrzeża Południowobałtyckie oferują liczne atrakcje przyrodnicze, jak np. niezwykłe krajobrazy wydmowe Słowińskiego Parku Narodowego, uznanego przez UNESCO za światowy rezerwat biosfery.

Szczególną atrakcję turystyczną wybrzeża stanowią latarnie morskie, z których część udostępniona jest do zwiedzania (np. na Helu i na Rozewiu). Tylko w Gdyni można zobaczyć Muzeum Oceanograficzne i Akwarium Morskie, zwiedzić stary żaglowiec „Dar Pomorza" i okręt wojenny „Błyskawica".

Kościół Mariacki w Gdańsku

Katedra w Oliwie

Zamek w Malborku

Wały Chrobrego w Szczecinie

Molo w Sopocie

Plaża

Licznych turystów przyciągają zabytkowe miasta i porty. Tłumy zwiedzających przewijają się codziennie przez Długi Targ w Gdańsku, podziwiając potężny kościół Mariacki, średniowieczny dźwig portowy zwany Żurawiem. W Oliwie znajduje się piękna katedra ze słynnymi organami. Miasto oferuje turystom liczne imprezy kulturalne, z których najsłynniejszą jest odbywający się latem Jarmark Dominikański.

Wśród innych miejscowości zabytkowych należy wymienić:

– Malbork, z zamkiem krzyżackim wpisanym na Listę Światowego Dziedzictwa Kulturalnego UNESCO,

– Frombork, ze wspaniałym wzgórzem katedralnym, a zarazem miasto Kopernika,

– Kamień Pomorski, z XII-wieczną katedrą i malowniczym rynkiem z ratuszem,

– Szczecin, ze Starym Miastem, renesansowym Zamkiem Książąt Pomorskich, portem i imponującymi budowlami na Wałach Chrobrego.

Szczególne miejsce w gospodarce regionu zajmuje gospodarka morska. Zespół portowy Szczecin-Świnoujście oraz port w Gdańsku należą do największych portów morskich na Bałtyku. Port w Gdyni specjalizuje się w obsłudze kontenerowców. Wzdłuż całego polskiego wybrzeża rozsiane są liczne małe porty rybackie i przetwórnie ryb.

Port handlowy w Gdyni

Kuter rybacki

Pojezierza leżą na południe od pasa pobrzeży. Nazwa tej krainy wywodzi się od licznie występujących tam jezior. Krajobraz Pojezierza Pomorskiego, Mazurskiego i Wielkopolskiego jest efektem działania lądolodu skandynawskiego podczas ostatniego zlodowacenia.

W terenie wyraźnie widoczne są wały moren czołowych wyznaczające zasięgi postoju czoła lądolodu. Niektóre wzgórza przekraczają 300 m n.p.m., np. Wieżyca (329 m n.p.m.) na Pojezierzu Pomorskim i Dylewska Góra (312 m n.p.m.) na Pojezierzu Mazurskim. Na południe od wałów morenowych wody z topniejącego lądolodu uformowały rozległe piaszczyste równiny sandrowe, obecnie w większości porośnięte borami sosnowymi.

Na pojezierzach występują liczne głazy narzutowe. Są to wielkie bloki skał przywleczone przez lądolód z Półwyspu Skandynawskiego.

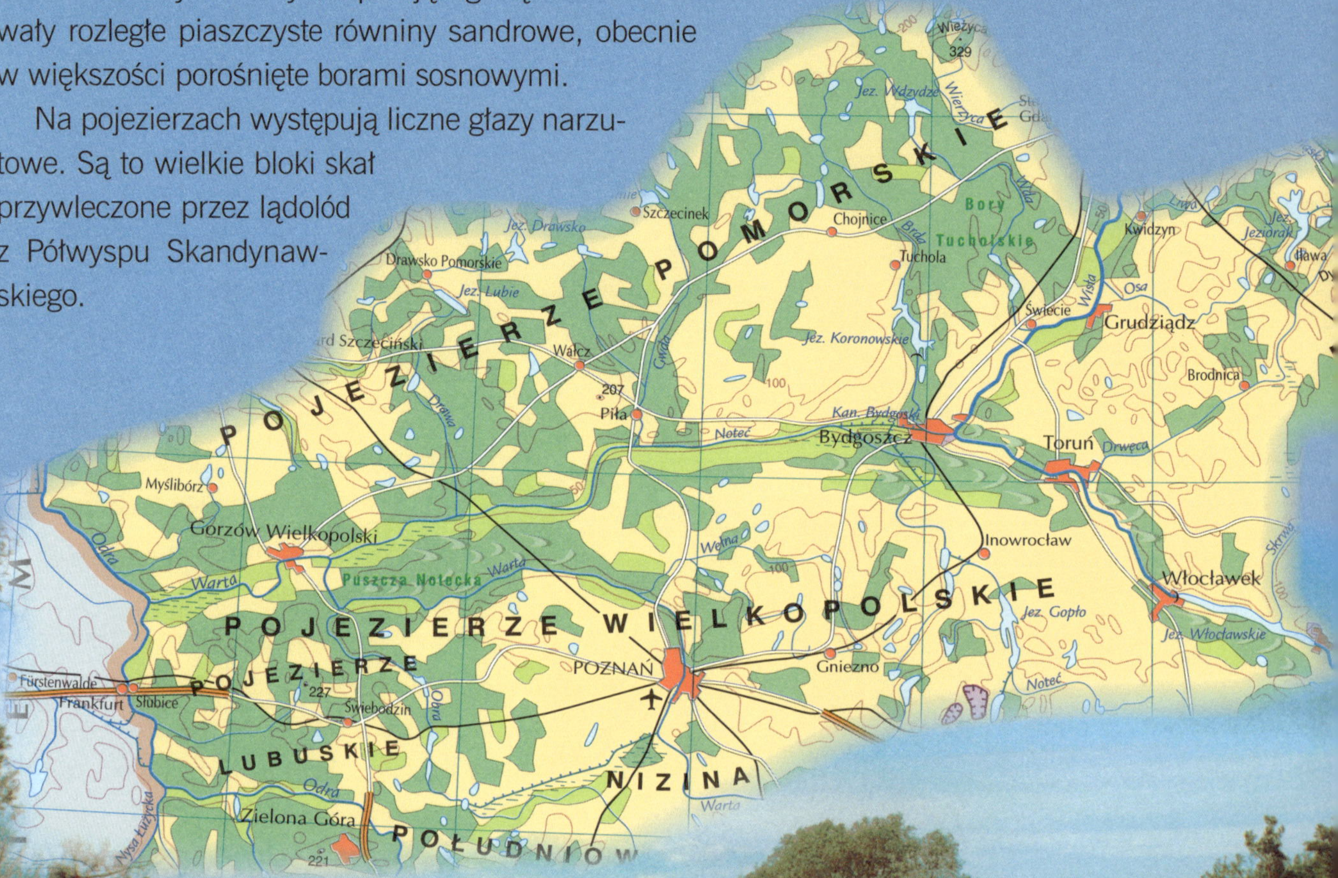

Zagłębienia w wysoczyznach moreny dennej wypełniają jeziora przyjmujące różne kształty. Największe są jeziora morenowe, mające nieregularną linię brzegową z licznymi zatokami i stosunkowo małą głębokością. Najliczniej na pojezierzach występują niewielkie jeziora wytopiskowe o owalnych kształtach, nazywane oczkami.

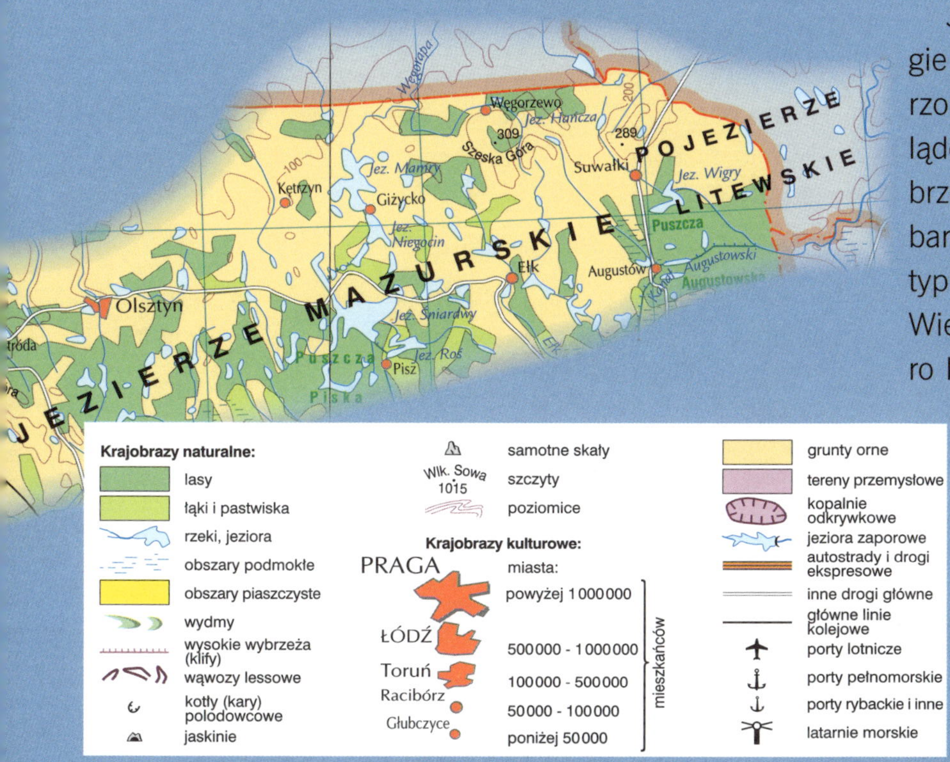

Jeziora rynnowe zajmują długie i wąskie zagłębienia utworzone przez wody płynące pod lądolodem. Zwykle mają strome brzegi i dużą głębokość. Najbardziej znanym jeziorem tego typu jest Gopło na Pojezierzu Wielkopolskim. Rynnowe jezioro Hańcza na północ od Suwałk jest najgłębszym jeziorem w Polsce (108,5 m).

Płynące przed czołem lądolodu wielkie masy wody utworzyły szerokie doliny, które nazywamy pradolinami. Na znacznych odcinkach płyną nimi współczesne rzeki – Wisła, Noteć, Warta, Odra.

Jezioro Hańcza

Kormorany

Kraina Wielkich Jezior Mazurskich

Środkową część Pojezierza Mazurskiego zajmuje Kraina Wielkich Jezior Mazurskich. Jest to największy w Polsce zespół jezior, zajmujący ok. 300 km^2 powierzchni. Wśród nich znajdują się największe jeziora w kraju – Śniardwy i Mamry. Należą one do różnych dorzeczy, ale łączy je system kanałów umożliwiających żeglugę między nimi.

Niegdyś na pojezierzach istniało znacznie więcej jezior. W wyniku zarastania przez roślinność i zasypywania osadami rzecznymi mis jeziornych powstały liczne torfowiska i bagna (np. bagno Nietlice na północ od jeziora Śniardwy).

Dla ochrony niezwykłych walorów przyrodniczych i krajobrazowych Krainy Wielkich Jezior utworzono Mazurski Park Krajobrazowy. W przyszłości planuje się utworzenie na tym obszarze parku narodowego. Znajdujące się na północ od Śniardw jezioro Łuknajno jest rezerwatem biosfery UNESCO.

Jezioro Tałty

Jezioro Śniardwy

Pojezierze Suwalskie

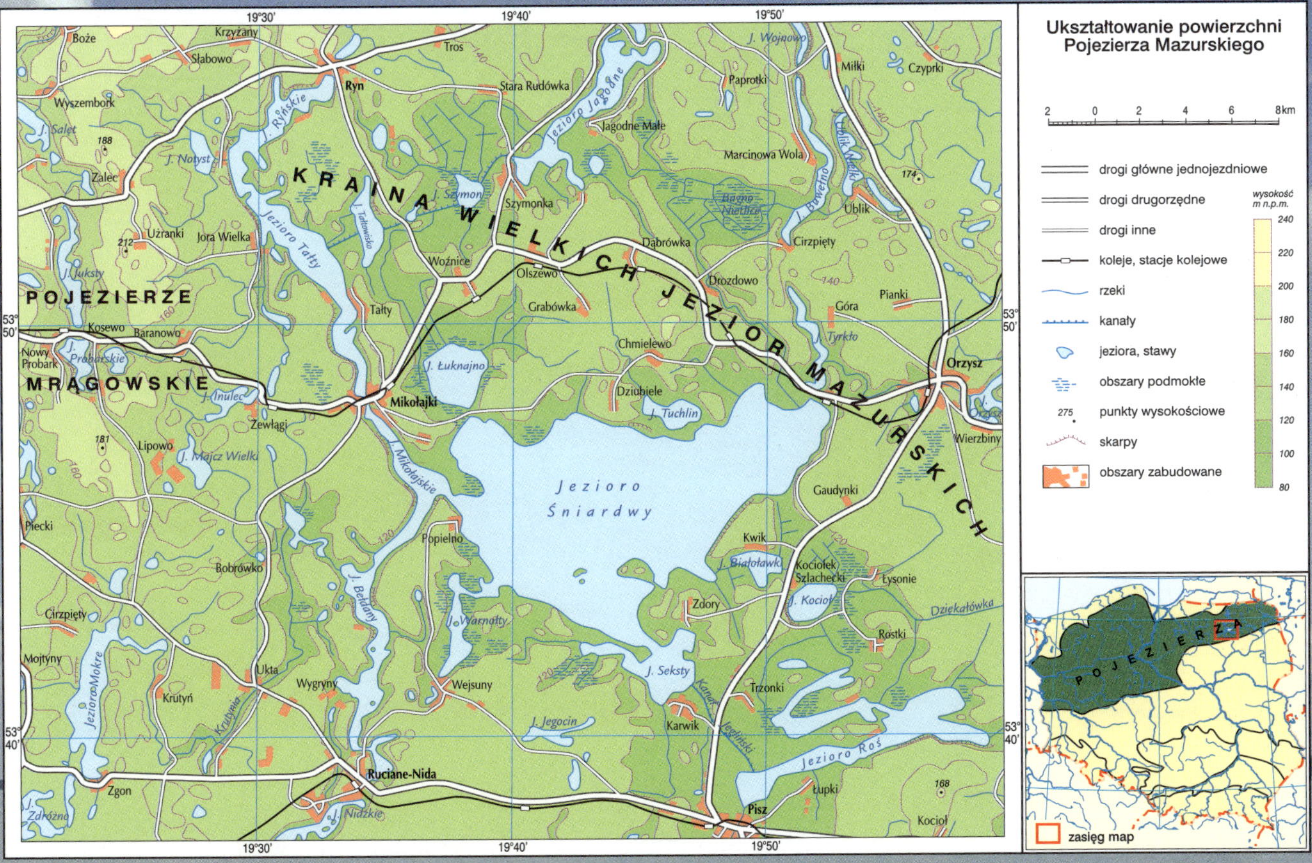
Ukształtowanie powierzchni Pojezierza Mazurskiego
2 0 2 4 6 8km
drogi główne jednojezdniowe
drogi drugorzędne
drogi inne
koleje, stacje kolejowe
rzeki
kanały
jeziora, stawy
obszary podmokłe
punkty wysokościowe
skarpy
obszary zabudowane
wysokość m n.p.m.
240
220
200
180
160
140
120
100
80
KRAINA WIELKICH JEZIOR MAZURSKICH
POJEZIERZE MRĄGOWSKIE
Jezioro Śniardwy
Jezioro Roś
Ryn
Mikołajki
Orzysz
Pisz
Ruciane-Nida
zasięg map

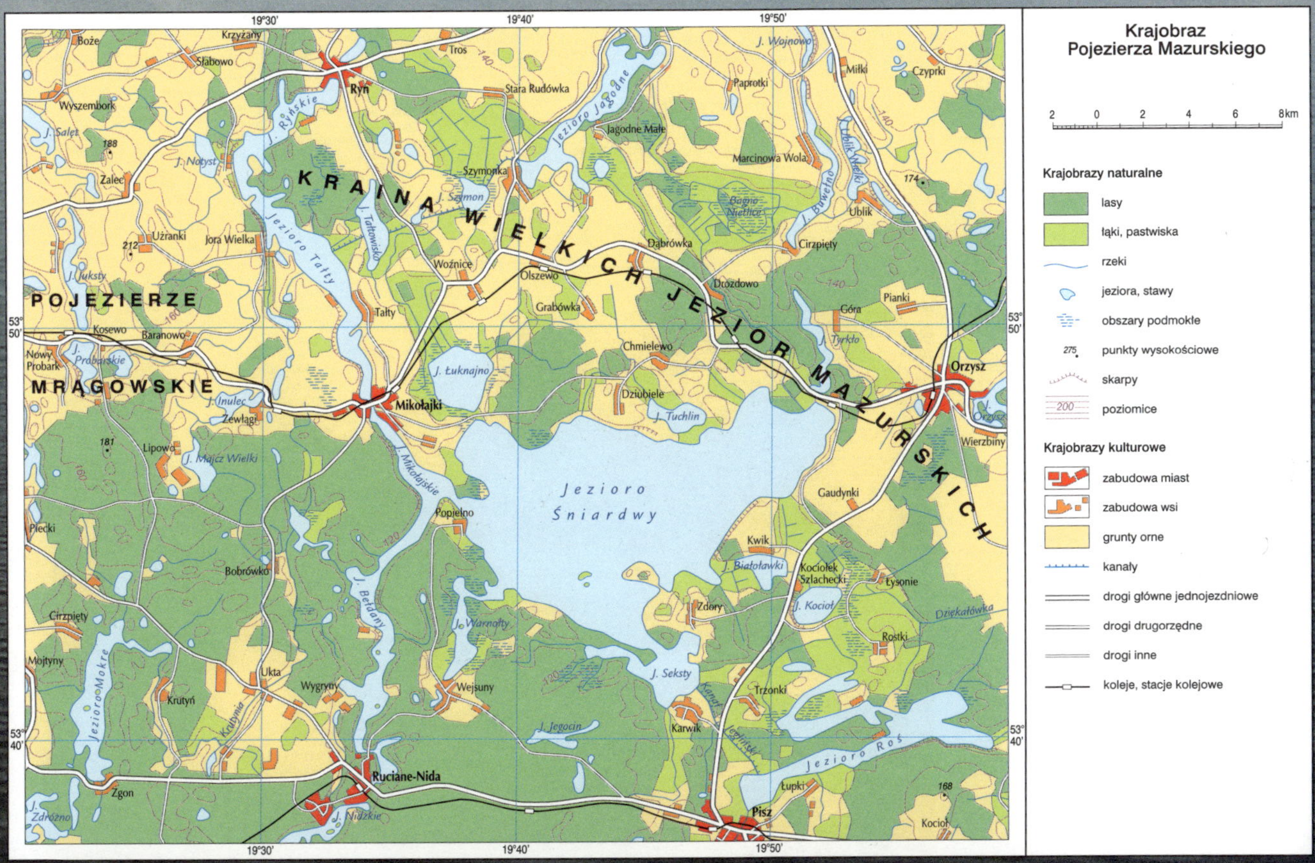
Krajobraz Pojezierza Mazurskiego
2 0 2 4 6 8km
Krajobrazy naturalne
lasy
łąki, pastwiska
rzeki
jeziora, stawy
obszary podmokłe
punkty wysokościowe
skarpy
poziomice
Krajobrazy kulturowe
zabudowa miast
zabudowa wsi
grunty orne
kanały
drogi główne jednojezdniowe
drogi drugorzędne
drogi inne
koleje, stacje kolejowe
KRAINA WIELKICH JEZIOR MAZURSKICH
POJEZIERZE MRĄGOWSKIE
Jezioro Śniardwy
Jezioro Roś
Ryn
Mikołajki
Orzysz
Pisz
Ruciane-Nida

Ekosystem jeziora

Na pojezierzach występują zróżnicowane warunki naturalne. Jeziora, mokradła, łąki i lasy sprzyjają wielkiej bioróżnorodności. W lasach Pojezierza Mazurskiego występują rzadko już spotykane wilki, łosie i żubry. Coraz częściej na rzekach można spotkać żeremie bobrów. Niegdyś gatunek ten był zagrożony wyginięciem. Obecnie jest już na tyle powszechny, że w niektórych miejscach myśli się o jego odławianiu.

Największą różnorodnością gatunków fauny i flory charakteryzują się ekosystemy jeziorne. Wśród żyjących tu zwierząt najwięcej jest ptaków. Wysokie trzciny i pałki wodne zapewniają bezpieczeństwo ich gniazdom, a jeziora dostarczają pokarmu. Spotkać tu można kormorany, czaple siwe, łabędzie, dzikie kaczki i gęsi. Znacznie rzadziej występuje bielik, bocian czarny i żuraw.

Spływ kajakowy

Kanał Augustowski

Największą atrakcją turystyczną pojezierzy są jeziora. Położone wśród niezniszczonych lasów, przyciągają licznych turystów pragnących odpoczynku w otoczeniu dzikiej przyrody. Osoby chcące aktywnie spędzać wolny czas mają możliwość uprawiania turystyki wodnej.

Najpopularniejszym sportem wodnym jest żeglarstwo, uprawiane przede wszystkim na dużych jeziorach Pojezierza Mazurskiego i Pomorskiego. Szczególnie atrakcyjne pod tym względem są Wielkie Jeziora Mazurskie. Funkcjonują tu liczne porty i przystanie jachtowe, a kanały pozwalają na rejsy między jeziorami.

Coraz popularniejsze są spływy kajakowe malowniczymi rzekami przepływającymi przez liczne jeziora. Do najpiękniejszych i najbardziej znanych w Polsce i Europie należy szlak kajakowy rzeki Krutyni. Liczy on ponad 100 km długości i prowadzi przez 20 jezior i 10 rzek w północnej części Puszczy Piskiej.

Żaglówki na jeziorze

Biskupin

Toruń

Pojezierze Pomorskie i Mazurskie są regionami, w których środowisko naturalne jest mało przekształcone przez człowieka. W celu ochrony niepowtarzalnych walorów przyrodniczych tych obszarów utworzono parki narodowe: Drawieński, Borów Tucholskich i Wigierski.

Pas pojezierzy to nie tylko jeziora i dzika przyroda. Wschodnią część Pojezierza Wielkopolskiego stanowi obszar, na którym narodziło się państwo polskie. Znajduje się tu pierwsza stolica Polski – Gniezno – ze wspaniałą katedrą z relikwiami św. Wojciecha. Niedaleko Gniezna leży Biskupin – osada kultury łużyckiej sprzed 2500 lat.

Toruń urzeka panoramą miasta od strony Wisły. Starówka została wpisana na Listę Światowego Dziedzictwa Kulturalnego UNESCO. Miasto znane jest z wypiekanych tu od wieków toruńskich pierników i jako miejsce urodzin Mikołaja Kopernika. W pobliskim Ciechocinku można obejrzeć niezwykłe tężnie.

Tężnie w Ciechocinku

Klasztor Kamedułów w Wigrach

W centrum Pojezierza Wielkopolskiego położony jest Poznań. Przybywających turystów zachwyca piękny renesansowy ratusz i gotycka katedra. Poznań jest też jednym z głównych ośrodków gospodarczych kraju. Odbywające się w nim targi przyciągają wielu wystawców z kraju i z zagranicy.

Na południe od Poznania zachowały się cenne zbiorowiska roślinności z bogatym światem zwierzęcym, które zostały objęte ochroną w granicach Wielkopolskiego Parku Narodowego. Park jest częstym celem wycieczek mieszkańców aglomeracji poznańskiej.

We wschodniej części Pojezierza Wielkopolskiego eksploatowane są złoża surowców mineralnych. W okolicach Inowrocławia wydobywa się sól kamienną. Największym zagrożeniem środowiska naturalnego są kopalnie odkrywkowe węgla brunatnego w okolicach Konina i związane z nimi elektrownie.

Katedra na Ostrowie Tumskim w Poznaniu

Niziny Środkowopolskie są największym regionem fizycznogeograficznym Polski. Powierzchnia terenu jest równinna, lekko falista, porozcinana szerokimi dolinami rzecznymi i pradolinami. Jedyne większe wzniesienia tworzą Wał Trzebnicki i Wzniesienia Łódzkie.

Rzeźba terenu ukształtowała się w wyniku działalności lądolodu w czasie zlodowacenia wcześniejszego niż to, które ukształtowało krajobraz pojezierzy. Dlatego na nizinach zachowały się tylko nieliczne wyraźne formy polodowcowe, a powstałe podczas zlodowacenia jeziora zanikły. Taki typ krajobrazu nazywany jest staroglacjalnym.

Korzystne warunki naturalne panujące na nizinach sprzyjały osadnictwu, toteż na tym terenie przeważają krajobrazy rolnicze i bardzo przekształcone przez człowieka. Jedynie w części północno-wschodniej, z surowszym klimatem, zachowały się większe obszary pierwotnej przyrody.

NIZINY ŚRODKOWOPOLSKIE

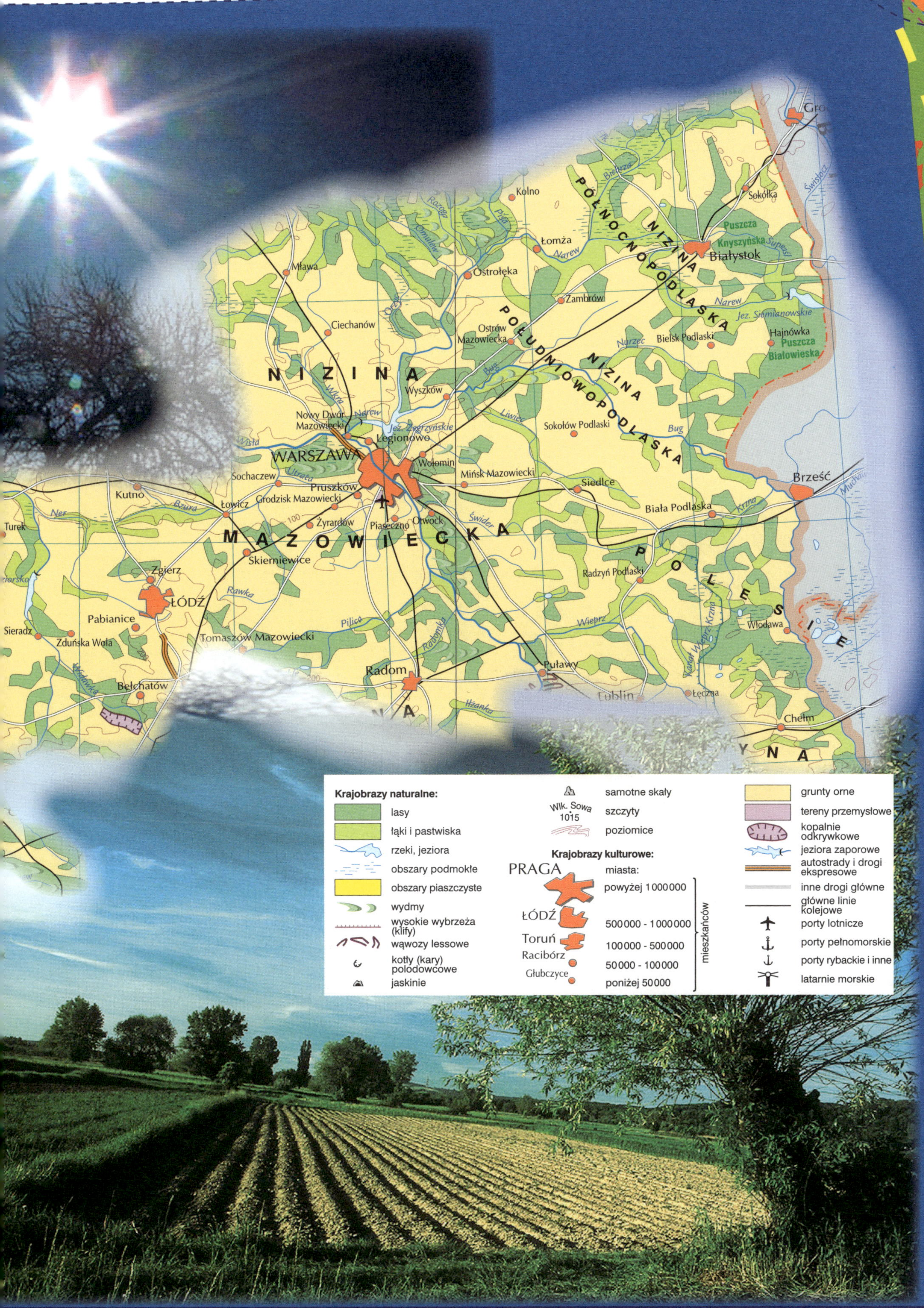

Pozostałością rozległych lasów Mazowsza jest Puszcza Kampinoska. Znajdują się w niej najlepiej zachowane w Polsce wydmy śródlądowe, sięgające 30 m wysokości. Tworzą one dwa równoleżnikowe pasma przedzielone zabagnioną doliną rzeczną. Wydmy są utrwalone przez porastające je bory sosnowe i nie przemieszczają się. Puszcza stanowi naturalną ostoję łosia. Aby ją chronić, utworzono Kampinoski Park Narodowy.

Najcenniejszym przyrodniczo obiektem w Polsce jest Puszcza Białowieska. Obejmuje ona unikatowy kompleks pierwotnych lasów europejskich. Podlega ochronie w granicach Białowieskiego Parku Narodowego, który został wpisany na Listę Światowego Dziedzictwa Przyrodniczego UNESCO.

Obszar parku jest naturalną ostoją żubra. Żyją tu też m.in. rysie, wilki, wydry, gronostaje, a z ptaków: głuszce, cietrzewie i bieliki.

Łoś

Żubr

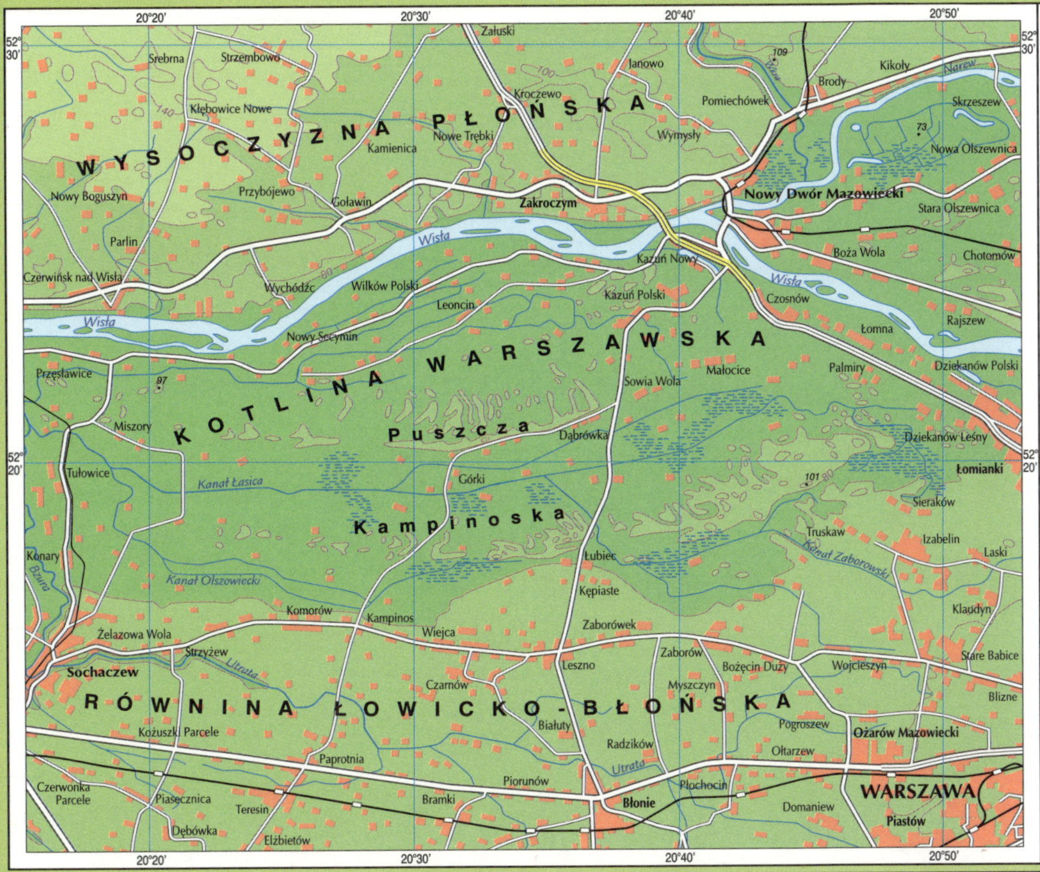

Ukształtowanie powierzchni Niziny Mazowieckiej

2 0 2 4 6 8km

- drogi ekspresowe
- drogi główne dwujezdniowe
- drogi główne jednojezdniowe
- drogi drugorzędne
- drogi inne
- koleje, stacje kolejowe
- koleje wąskotorowe
- rzeki
- jeziora, stawy
- obszary podmokłe
- 115 punkty wysokościowe
- skarpy
- obszary zabudowane

wysokość m n.p.m.: 160, 140, 120, 100, 80, 60, 40

zasięg map

Krajobraz Niziny Mazowieckiej

2 0 2 4 6 8km

Krajobrazy naturalne

- lasy
- łąki, pastwiska
- rzeki, jeziora, stawy
- obszary podmokłe
- 115 punkty wysokościowe
- wydmy
- 120 poziomice

Krajobrazy kulturowe

- zabudowa miast
- zabudowa wsi
- tereny przemysłowe i komunikacyjne
- grunty orne
- drogi ekspresowe
- drogi główne dwujezdniowe
- drogi główne jednojezdniowe
- drogi drugorzędne
- drogi inne
- koleje, stacje kolejowe
- koleje wąskotorowe
- granica parku narodowego

Warszawa

Warszawa leży w środkowej części Niziny Mazowieckiej, nad Wisłą. Od 1596 r., kiedy to król Zygmunt III Waza przeniósł swoją siedzibę z Krakowa do Warszawy, jest stolicą Polski.

Przez wieki rozwijała się i bogaciła jako miasto na skrzyżowaniu ważnych szlaków lądowych i wodnych. Powstawały liczne pałace, siedziby możnych rodów i królów, wśród nich Wilanów i Pałac Saski. Wznoszono monumentalne budowle i pomniki. Okres zaborów nie przerwał rozwoju miasta.

Podczas II wojny światowej Warszawa została doszczętnie zniszczona przez Niemców. Po wojnie podjęto decyzję o odbudowie miasta. Z pietyzmem odtworzono wiele budowli, zwłaszcza na Starówce. W dowód uznania dla trudu narodu odbudowującego swoją stolicę Stare Miasto w Warszawie zostało wpisane na Listę Światowego Dziedzictwa Kulturalnego UNESCO.

Dzisiejsza Warszawa jest tętniącym życiem miastem, głównym ośrodkiem administracyjnym, kulturalnym, naukowym i gospodarczym kraju.

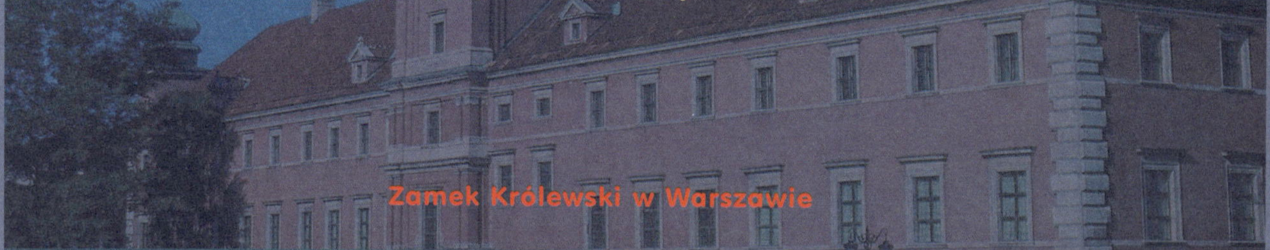

Zamek Królewski w Warszawie

Most Świętokrzyski w Warszawie

Kolumna Zygmunta

Mimo znacznego przekształcenia środowiska na Nizinach Środkowopolskich zachowały się obszary pierwotnej przyrody, chronione w parkach narodowych: Biebrzańskim, Narwiańskim i Poleskim.

Poza Warszawą najważniejszym ośrodkiem turystycznym jest Wrocław. W leżącej nad Odrą stolicy Śląska znajduje się wiele wspaniałych przykładów architektury gotyckiej – przede wszystkim ratusz i katedra. Równie interesujące są zabytki barokowe, a wśród nich uniwersytet z Aulą Leopoldina. Na uwagę zasługują też wybitne dzieła architektury z początków XX w.: Hala Ludowa z pergolą i most Grunwaldzki.

Łódź słynie z największego w kraju kompleksu zabytkowej architektury secesyjnej, wśród której można zobaczyć bogate pałace XIX-wiecznych fabrykantów. W Opolu, „stolicy polskiej piosenki", oczarowują barokowe kamieniczki w rynku.

Opole – Ratusz

Katedra we Wrocławiu

Uniwersytet Wrocławski

Łódź, ul. Piotrkowska

Na Nizinach Środkowopolskich leżą wielkie miasta Polski: Warszawa, Łódź i Wrocław, stanowiące ważne centra gospodarcze i kulturalne.

W zachodniej części pasa nizin występują bogate i różnorodne surowce mineralne wykorzystywane w wielu gałęziach przemysłu. Między Legnicą a Głogowem wydobywa się rudy miedzi. Złoża te należą do największych w Europie. Z rud miedzi pozyskuje się także srebro, złoto i platynę. Na pograniczu Wielkopolski i Dolnego Śląska eksploatuje się złoża gazu ziemnego.

Na Opolszczyźnie zalegają znaczne pokłady wapieni i margli. Te surowce wykorzystują cementownie i zakłady wapiennicze.

Niedaleko Bełchatowa, w środkowej części nizin, działa jedna z największych w Europie odkrywkowych kopalni węgla brunatnego. Sąsiaduje z nią największa w Polsce elektrownia.

Huta miedzi Głogów

Kopalnia w Bełchatowie

Sukiennice w Krakowie

Leżące w południowo-wschodniej części kraju Wyżyny Polskie mają urozmaiconą rzeźbę, związaną z ich różną budową geologiczną. Krajobrazy wyżyn w znacznej mierze przekształcił człowiek. Na skałach lessowych wytworzyły się bardzo urodzajne czarnoziemy, a na wapiennych rędziny, toteż w krajobrazie wyżyn dominują pola uprawne. Warunki sprzyjające osadnictwu przyczyniły się do powstawania licznych miast. Najstarszymi i najciekawszymi krajoznawczo są: Kraków, Częstochowa, Kielce, Sandomierz, Lublin, Chełm i Zamość.

Eksploatacja surowców mineralnych stała się podstawą rozwoju przemysłu i koncentracji ludności w zachodniej części pasa wyżyn. Obszar ten został najbardziej przekształcony i zdegradowany w wyniku działalności człowieka.

Tereny dziewiczej przyrody zachowały się jedynie w dolinach i na pasach wzniesień wschodniej części wyżyn, gdzie utworzono Roztoczański Park Narodowy.

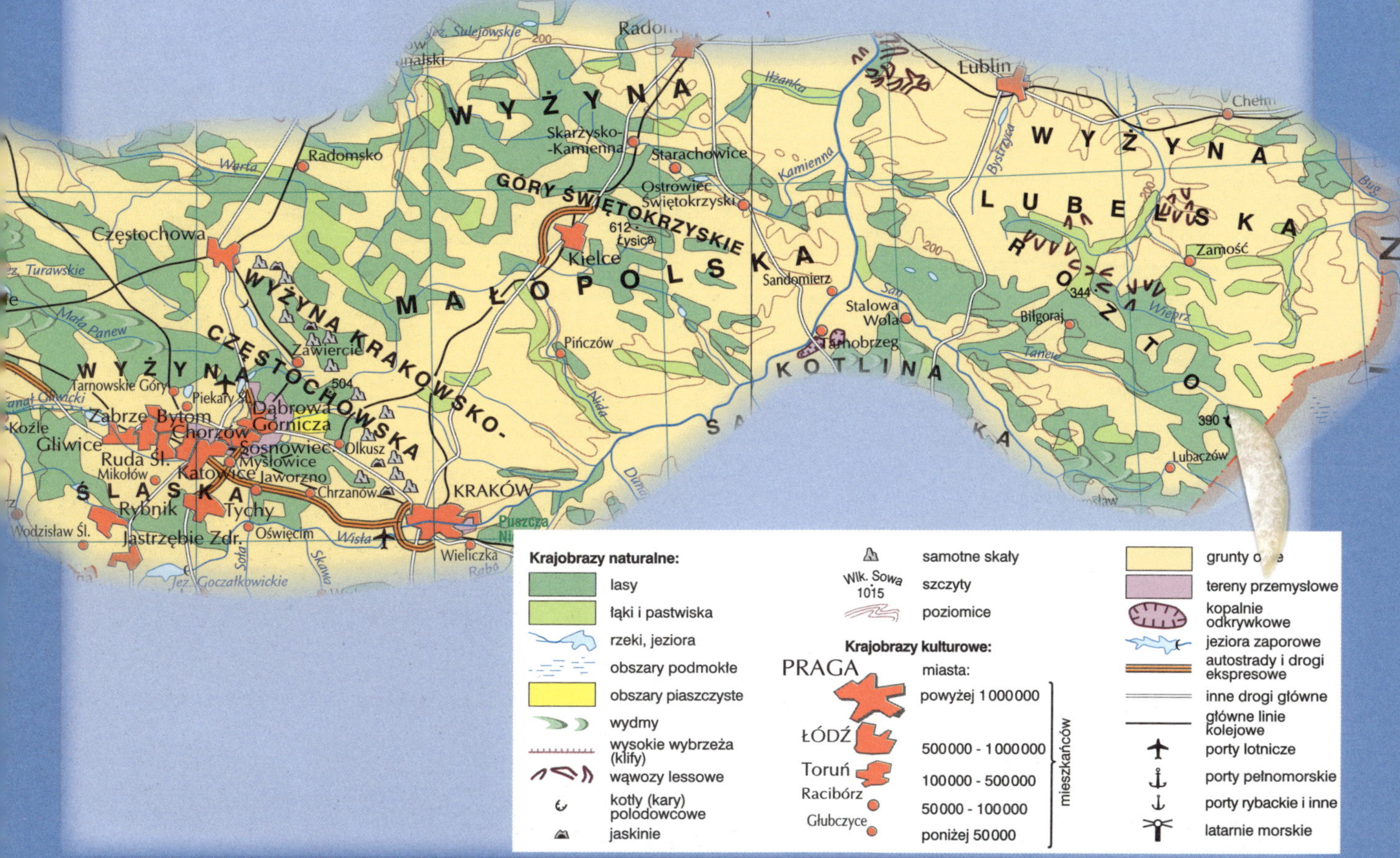

Renesansowa attyka kamienicy w Kazimierzu Dolnym nad Wisłą

Wyżynę Krakowsko-Częstochowską budują skały wapienne. Pod wpływem dwutlenku węgla zawartego w wodzie wapień rozpuszcza się. Proces ten nazywamy krasowieniem. Szczególne nagromadzenie form krasowych występuje w Dolinie Prądnika na północ od Krakowa, gdzie utworzono Ojcowski Park Narodowy. Można w nim podziwiać osobliwe formy ostańców wapiennych, przypominające igły, baszty, bramy i maczugi, jak np. Maczuga Herkulesa. Pod powierzchnią ziemi tworzą się jaskinie z fantastycznymi formami naciekowymi.

Najatrakcyjniejszym miastem na pograniczu wyżyny jest Kraków, dawna stolica Polski. Na Wawelu można zwiedzić zamek, katedrę z grobami królewskimi.

Na wyżynach lessowych charakterystyczne są płaskowyże porozcinane głębokimi wąwozami i jarami. Szczególnie malownicze występują w okolicach Kazimierza Dolnego. Miasteczko słynie z zabytków i urokliwych widoków, dlatego licznie przyjeżdżają tu malarze i artyści.

Maczuga Herkulesa

Kraków – katedra na Wawelu

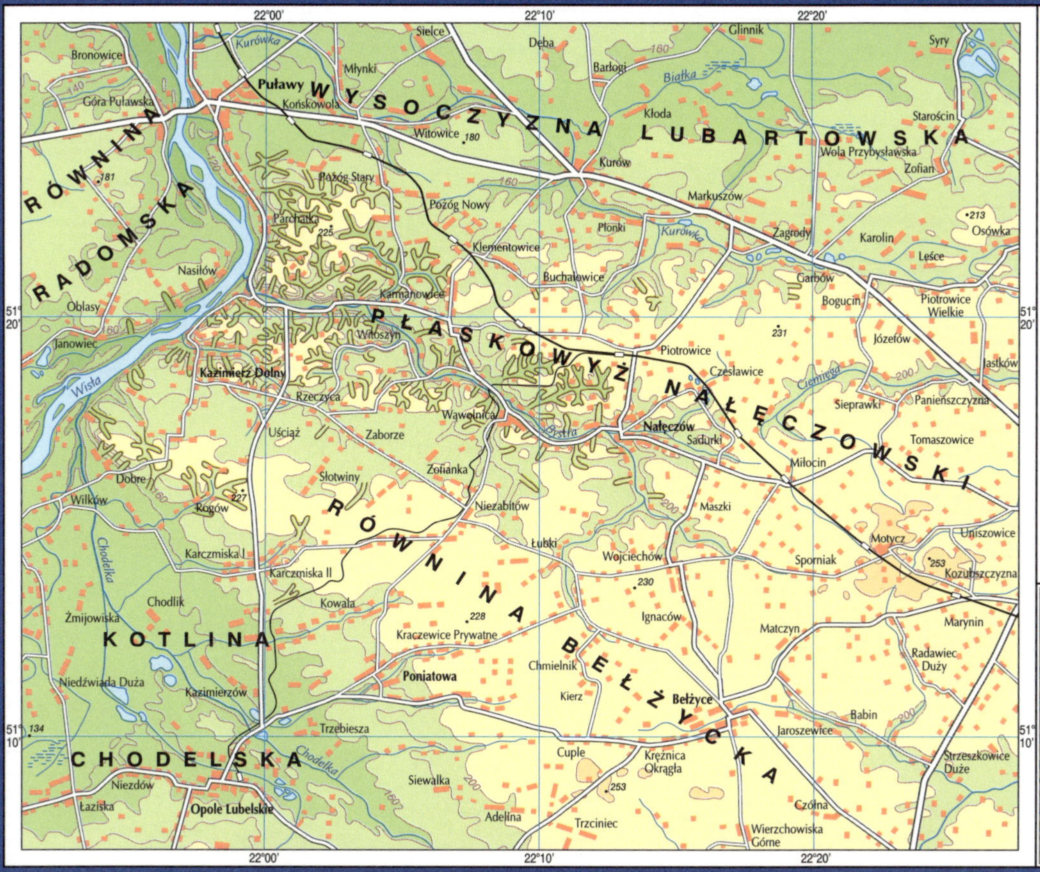

Ukształtowanie powierzchni Wyżyny Lubelskiej

2 0 2 4 6 8 km

- drogi główne jednojezdniowe
- drogi drugorzędne
- drogi inne
- koleje, stacje kolejowe
- koleje wąskotorowe
- rzeki
- jeziora, stawy
- obszary podmokłe
- 181 punkty wysokościowe
- wąwozy
- obszary zabudowane

wysokość m n.p.m.: 280, 260, 240, 220, 200, 180, 160, 140, 120, 100, 80

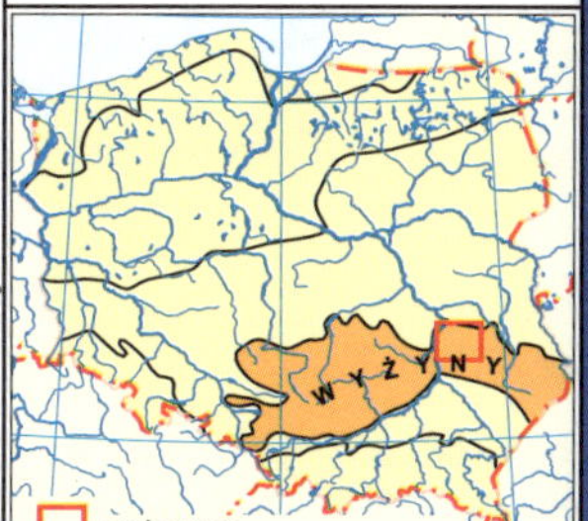

zasięg map

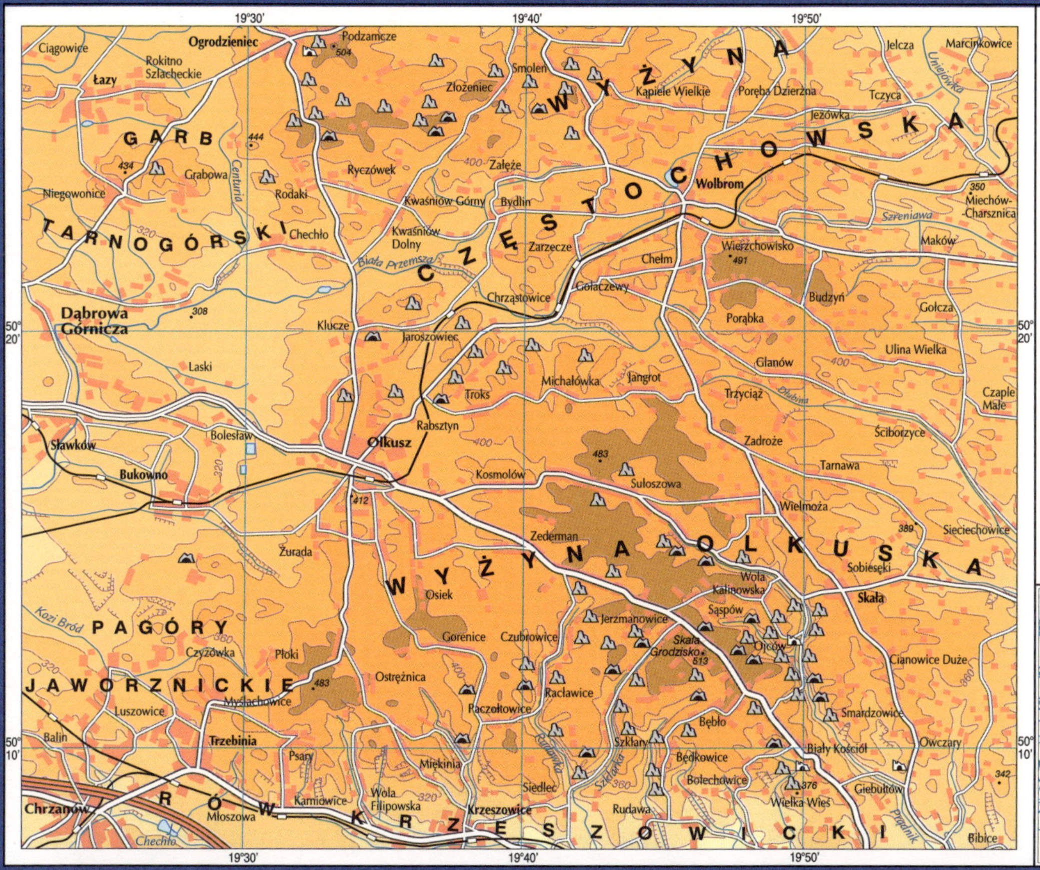

Ukształtowanie powierzchni Wyżyny Krakowsko-Częstochowskiej

2 0 2 4 6 8 km

- autostrady
- drogi główne dwujezdniowe
- drogi główne
- drogi drugorzędne
- drogi inne
- koleje, stacje kolejowe
- rzeki
- jeziora, stawy
- 181 punkty wysokościowe
- skarpy
- samotne skały
- jaskinie
- obszary zabudowane

wysokość m n.p.m.: 550, 500, 450, 400, 360, 320, 280, 260, 240

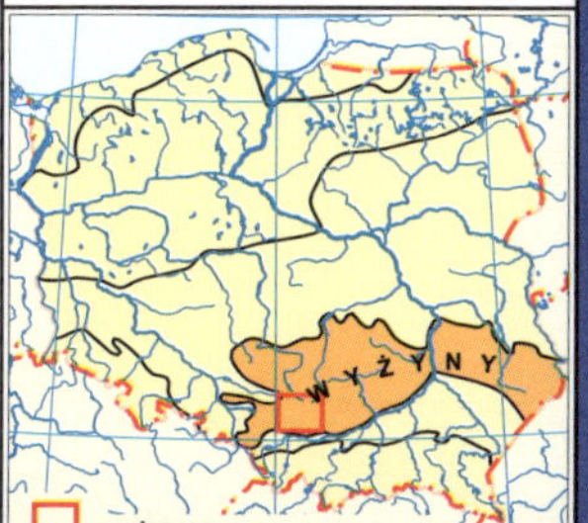

zasięg map

Krajobraz Wyżyny Śląskiej tworzą niewielkie wzniesienia. Najwyższym punktem jest bazaltowy szczyt Góry Świętej Anny.

W centralnej części wyżyny krajobraz został bardzo przekształcony w wyniku prowadzonej tu od kilku wieków działalności górniczej, związanej z wydobyciem węgla kamiennego oraz rud cynku i ołowiu. Powstały liczne kopalnie, huty, walcownie, zakłady przemysłu chemicznego, metalowego i elektrownie.

Szyb kopalni, Katowice

Ten najbardziej uprzemysłowiony i zurbanizowany region w Polsce nazywany jest Górnośląskim Okręgiem Przemysłowym (GOP). Występują tu liczne wyrobiska i hałdy. Środowisko zostało bardzo zanieczyszczone metalami ciężkimi. Nadmierne wydobycie węgla przyczyniło się do obniżenia poziomu wód gruntowych i deficytu wody. Wyczerpywanie się złóż węgla i rud oraz wzrost kosztów ich wydobycia spowodowało zamykanie kopalń. W ostatnich latach pojawiły się nowe inwestycje – np. fabryka samochodów Opla w Gliwicach.

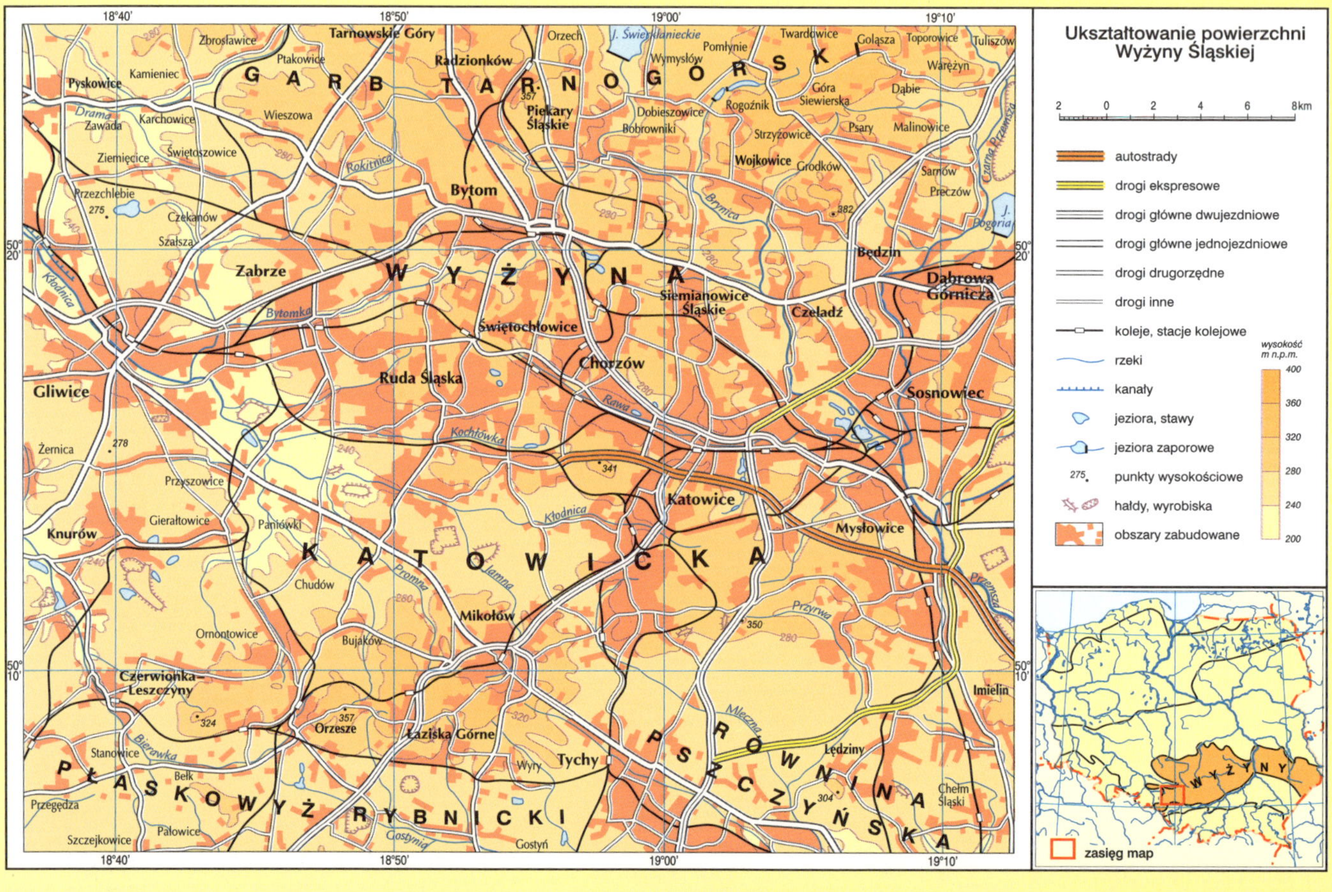

Góry Świętokrzyskie tworzy kilkanaście długich, równoległych pasm oddzielonych szerokimi obniżeniami. Najwyższym pasmem są Łysogóry zbudowane z twardych piaskowców kwarcytowych. Stoki najwyższych wzniesień pokrywają rumowiska skalne – gołoborza. Powstały one w czasie zlodowaceń, gdy góry wystawały nad powierzchnię otaczającego je lądolodu.

Szczytowe partie Łysogór porasta puszcza jodłowa. Do ochrony tych kompleksów leśnych powołano Świętokrzyski Park Narodowy.

Gołoborza

Niższe partie Gór Świętokrzyskich zbudowane są z piaskowców i wapieni, w których występują zjawiska krasowe. Ich efektem jest jaskinia Raj o pięknej szacie naciekowej.

Na obszarze Gór Świętokrzyskich powstał najstarszy w Polsce Staropolski Okręg Przemysłowy. Jego muzeum, prezentujące stare maszyny i urządzenia przemysłowe, znajduje się w Sielpi Wielkiej.

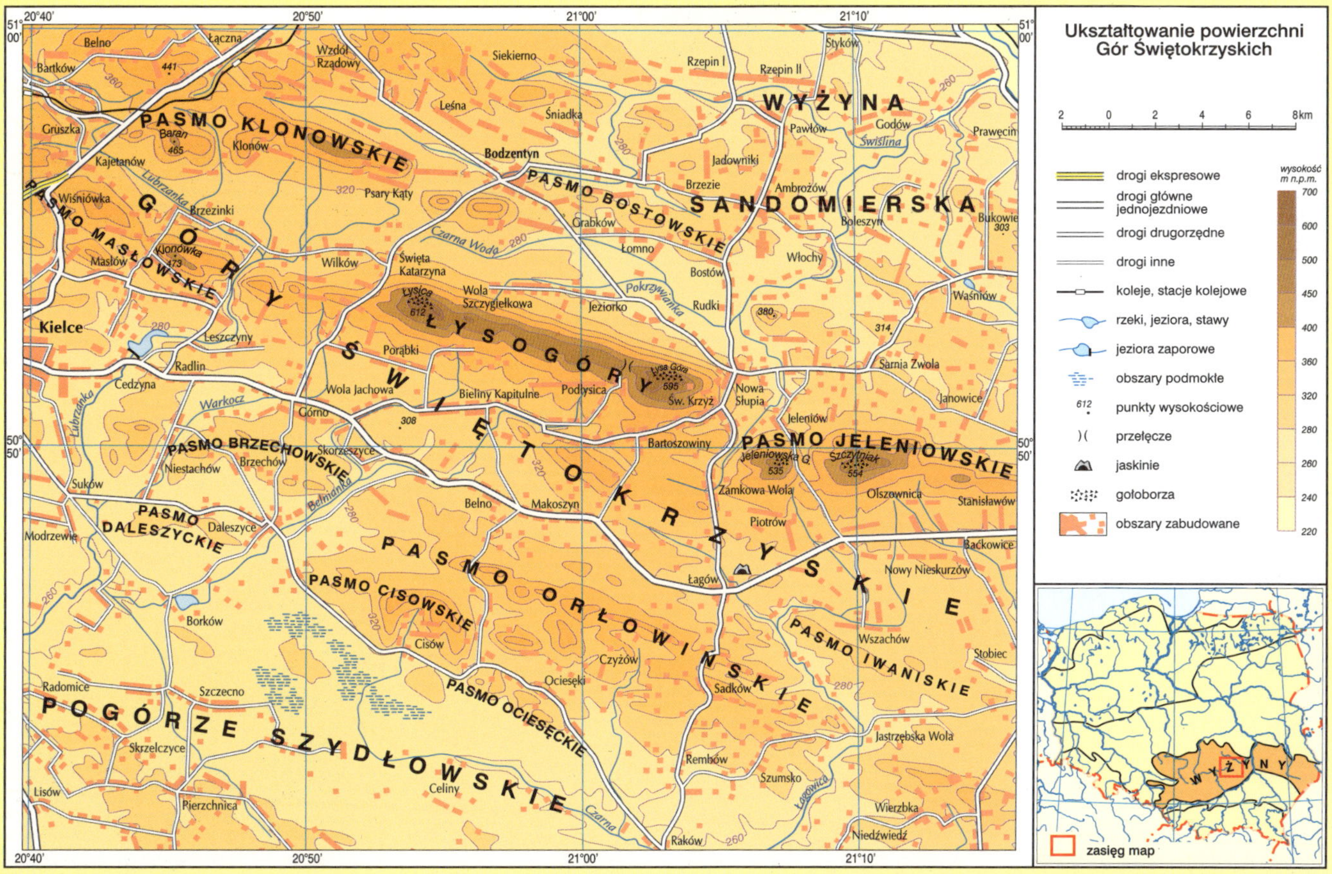

Ukształtowanie powierzchni Gór Świętokrzyskich

Sudety są górami średnimi o złożonej budowie geologicznej, która wpływa na zróżnicowanie rzeźby terenu i występujących tam krajobrazów. Są to góry zrębowe o stromych zboczach i płaskich wierzchowinach. Poszczególne pasma oddzielają od siebie głębokie i stosunkowo rozległe kotliny: Jeleniogórska i Kłodzka oraz mniejsza Kamiennogórska. Najwyższym szczytem Sudetów jest Śnieżka – 1602 m n.p.m.

Góry Sowie są najstarszymi górami w Polsce. Zbudowane są z gnejsów, które tworzą wzniesienia o kopulastych i łagodnych kształtach.

Inny krajobraz przedstawiają bardzo malownicze skałki, labirynty skalne i urwiska Gór Stołowych, które objęto ochroną, tworząc park narodowy.

Na przedpolu Sudetów znajduje się równina ze wznoszącymi się nad nią twardzielcowymi wzgórzami. Wśród nich najwyższa jest Ślęża – 718 m n.p.m.

Góry Stołowe, Szczeliniec Wielki – jedna z formacji skalnych

Ślęża

Sudety należą do najciekawszych i najlepiej zagospodarowanych regionów turystycznych w Polsce. Znajdują się tu liczne pensjonaty, schroniska i hotele. W górach wytyczono gęstą sieć szlaków turystycznych pieszych i rowerowych. Wybudowano narciarskie trasy zjazdowe i biegowe. Znanymi ośrodkami narciarskimi są Zieleniec i Czarna Góra w Kotlinie Kłodzkiej.

Turystów przyciągają cenne i różnorodne obiekty zabytkowe, znajdujące się w wielu miejscowościach. Do najciekawszych należą: Kościół Pokoju w Świdnicy i Jaworze, wpisane na Listę Światowego Dziedzictwa Kulturalnego UNESCO, malowniczo położone w centrum kotliny stare Kłodzko czy potężna kamienna twierdza w Srebrnej Górze.

Kościół Pokoju w Jaworze

W Sudetach znajduje się największy w Polsce zespół uzdrowisk. Coraz częściej można w nich spotkać kuracjuszy z całego świata.

Pijalnia wód w Polanicy Zdroju

Karkonosze są jedynym pasmem Sudetów o cechach rzeźby wysokogórskiej. Zbudowane są z granitów. W epoce lodowcowej lodowce górskie wytworzyły rozległe zagłębienia na stokach gór, zwane kotłami lodowcowymi. Do najbardziej znanych należą Śnieżne Kotły oraz Kotły Wielkiego i Małego Stawu.

Wodospad Szklarki

Na szczycie Śnieżki zbudowano obserwatorium meteorologiczne o oryginalnych kształtach. Obok wznosi się kaplica św. Wawrzyńca. Dużą atrakcją turystyczną jest wodospad Szklarki.

Na obszarze Karkonoszy w 1959 r. utworzono park narodowy, który wpisano na Światową Listę Rezerwatów Biosfery UNESCO.

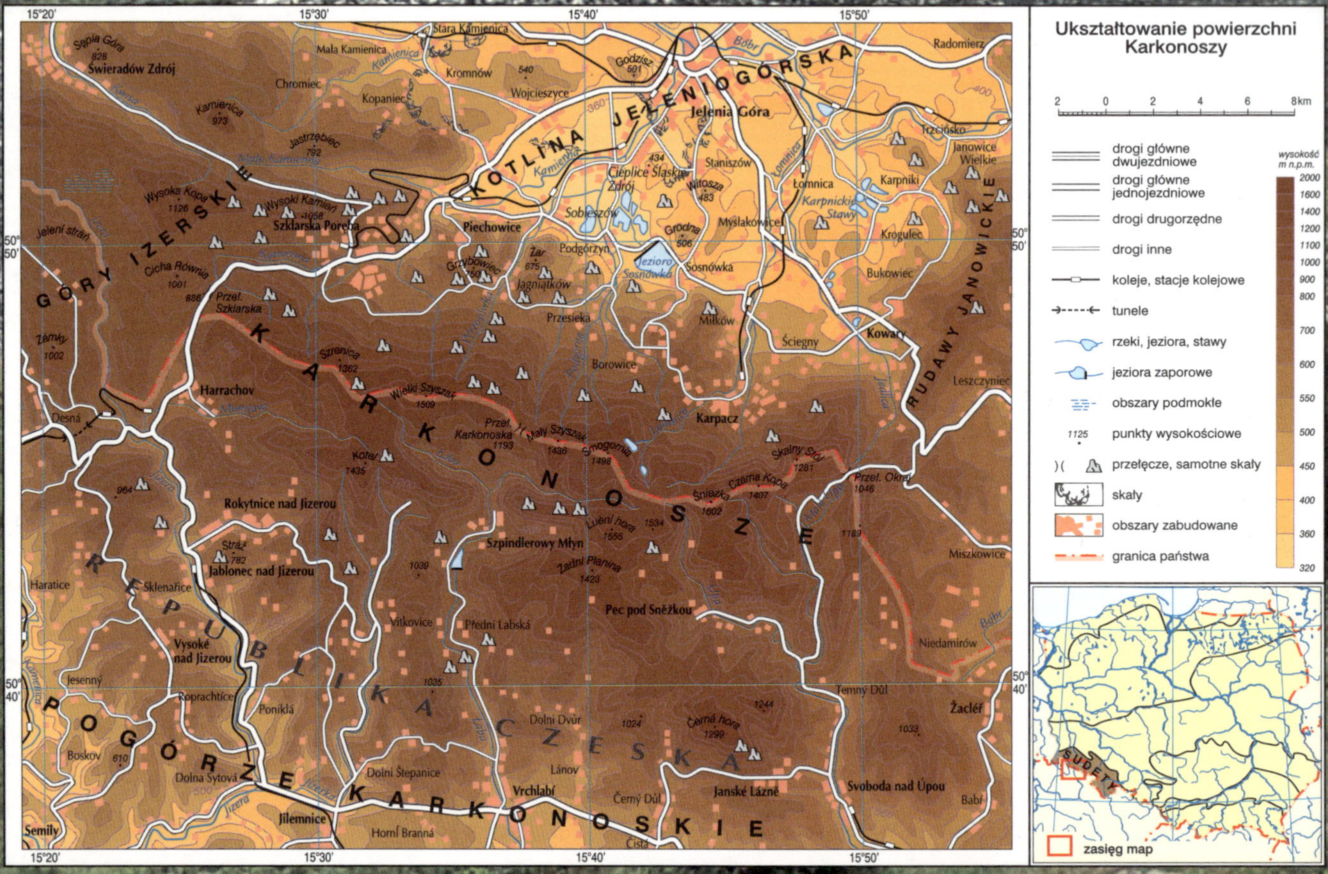

Świątynia Wang

Głównymi ośrodkami obsługującymi ruch turystyczny są Szklarska Poręba i Karpacz. Co roku na Polanie Jakuszyckiej odbywa się największa masowa impreza narciarska w Polsce – „Bieg Piastów".

Niezwykłą atrakcję turystyczną stanowi przywieziony z Norwegii drewniany średniowieczny kościółek, zwany świątynią Wang.

Schronisko Samotnia

Obserwatorium meteorologiczne na Śnieżce

Na południe od pasa wyżyn znajdują się najmłodsze góry w Polsce – Karpaty. Powstały w czasie alpejskich ruchów górotwórczych. Na ich przedpolu utworzyło się zapadlisko przedgórskie, początkowo wypełnione morzem. Później zostało zasypane osadami naniesionymi przez rzeki i lądolód. W ten sposób między Karpatami i wyżynami ukształtował się pas rozległych obniżeń o niemal płaskich dnach – Kotlina Sandomierska i Oświęcimska.

Największą część Karpat stanowią Beskidy, dzielące się na szereg pasm. Najwyższym szczytem jest Babia Góra (1725 m n.p.m.) w Beskidzie Żywieckim.

Na wschodnim krańcu Karpat wznoszą się Bieszczady. Ich charakterystyczną cechą jest brak lasów regla górnego i rozciągające się na szczytach łąki górskie, zwane połoninami.

W centralnej części Karpat wznoszą się Tatry – najwyższe pasmo górskie w Polsce o krajobrazie alpejskim.

Babia Góra

Spływ Dunajcem

Trzy Korony

Głównymi walorami turystycznymi Karpat są krajobrazy i dzika przyroda, której najcenniejsze obiekty chronione są w granicach 6 parków narodowych.

Jednym z nich jest Pieniński Park Narodowy z wapiennym szczytem Trzech Koron. W parku żyje ok. 1500 gatunków motyli. Inną atrakcją jest przełom Dunajca, wijącego się w głębokiej dolinie między stromymi skałami wapiennymi.

Oprócz atrakcji przyrodniczych na uwagę zasługuje ciekawe budownictwo ludowe, m.in. drewniane kościoły i cerkwie. Liczni pielgrzymi odwiedzają sanktuarium w Kalwarii Zebrzydowskiej. Kuracjuszy przyciągają uzdrowiska, z najbardziej znaną Krynicą Zdrojem. W zachodniej części Beskidów powstało wiele ośrodków sportów zimowych.

Kalwaria Zebrzydowska

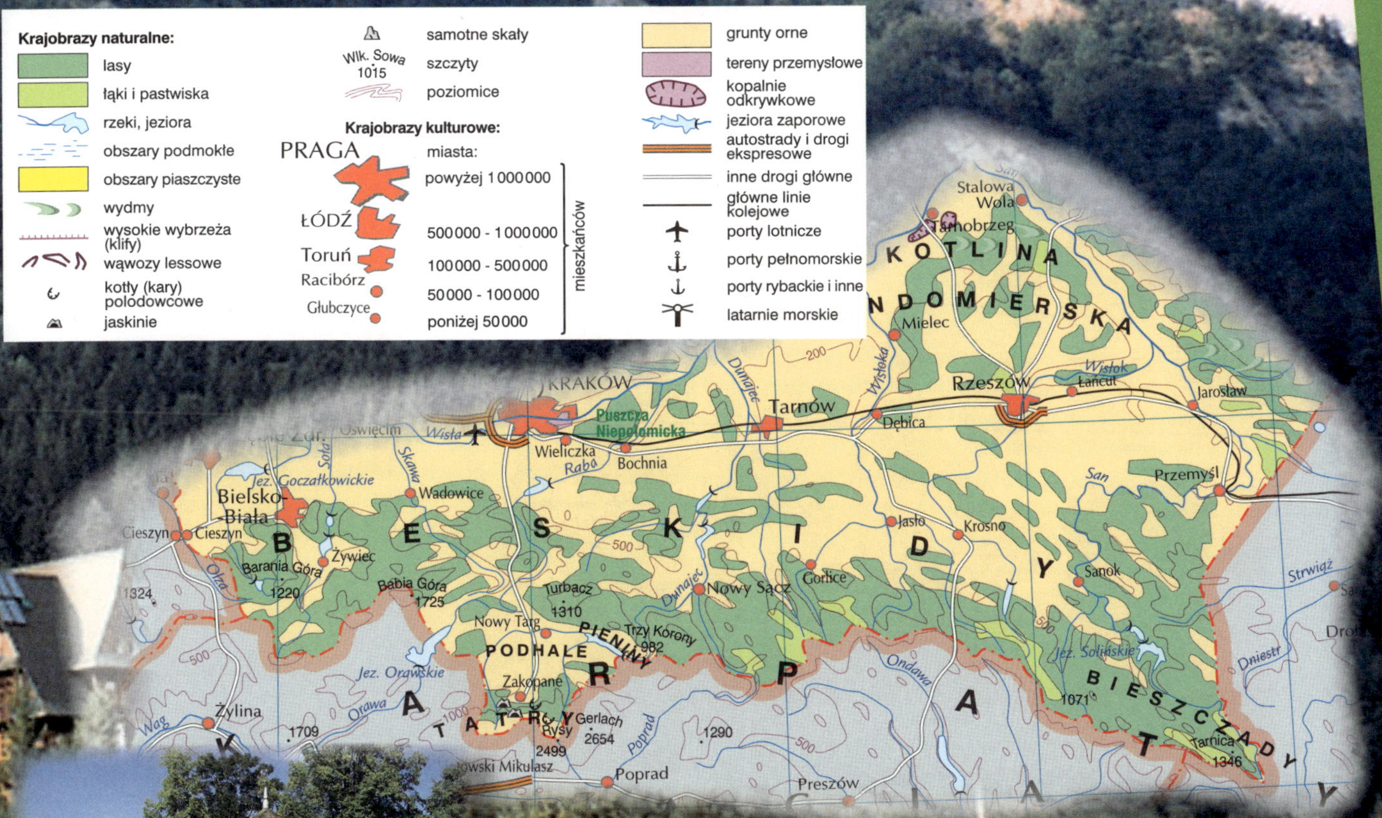

Cerkiew w Równi

Tatry są najwyższym pasmem górskim w Karpatach, o unikatowym w środkowej Europie krajobrazie wysokogórskim, z charakterystycznym piętrowym układem roślinności. Przełęcz Liliowe dzieli Tatry na dwie główne części. Tatry Zachodnie zbudowane są z łupków krystalicznych i skał wapiennych, w których powstały głębokie doliny i jaskinie.

Tatry Wysokie zbudowane są z granitu. Najwyższe tatrzańskie szczyty znajdują na Słowacji i sięgają powyżej 2600 m n.p.m. W Polsce najwyższym szczytem są Rysy (2499 m n.p.m.).

Chociaż w Tatrach nie ma lodowców, to ich ślady z epoki lodowcowej są wyraźnie widoczne. Są to doliny o charakterystycznym przekroju w kształcie litery U. W ich najwyższych partiach znajdują się jeziora, wypełniające dawne cyrki lodowcowe. Wskutek surowego klimatu i mrozowego niszczenia skał powstały skaliste turnie, zaś u podnóża szczytów charakterystyczne stożki usypiskowe. Tatry w Polsce i na Słowacji są chronione w ramach dwóch parków narodowych.

Tatry Zachodnie – Dolina Kościeliska

Piętra roślinności w Tatrach

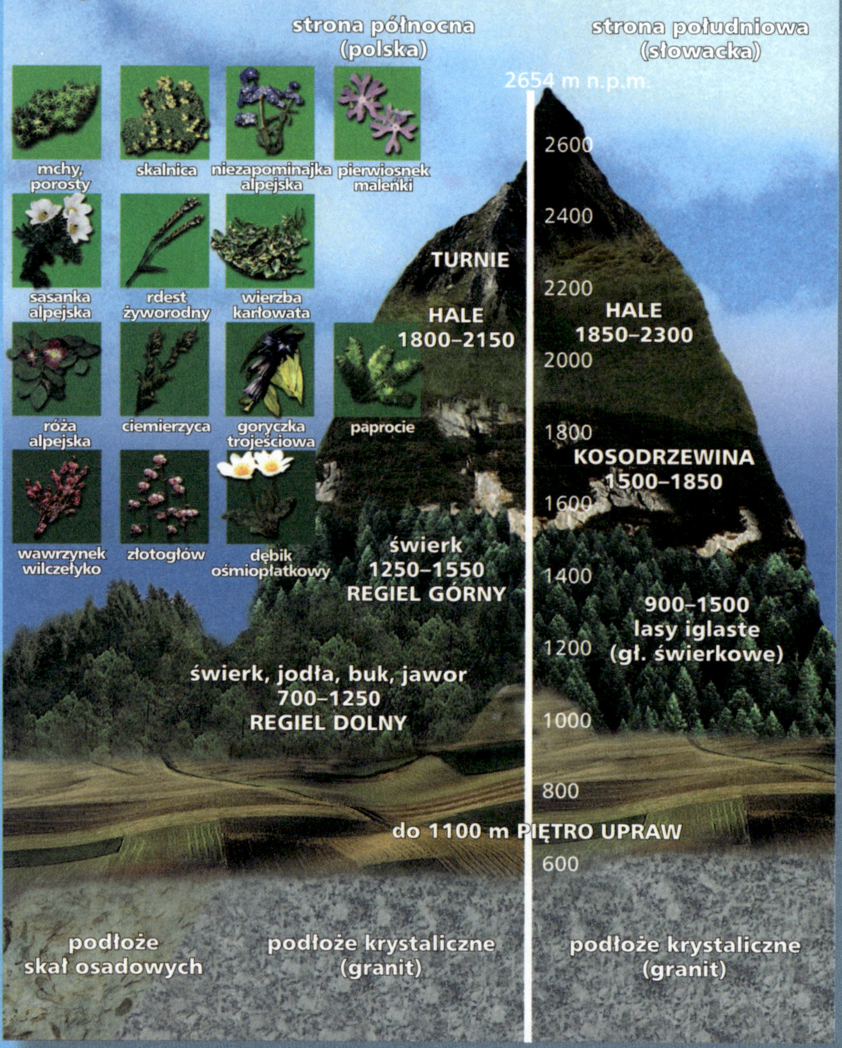

Polana Kopieniec – zabytkowe szałasy pasterskie

Tatry Wysokie – Dolina Pięciu Stawów Polskich

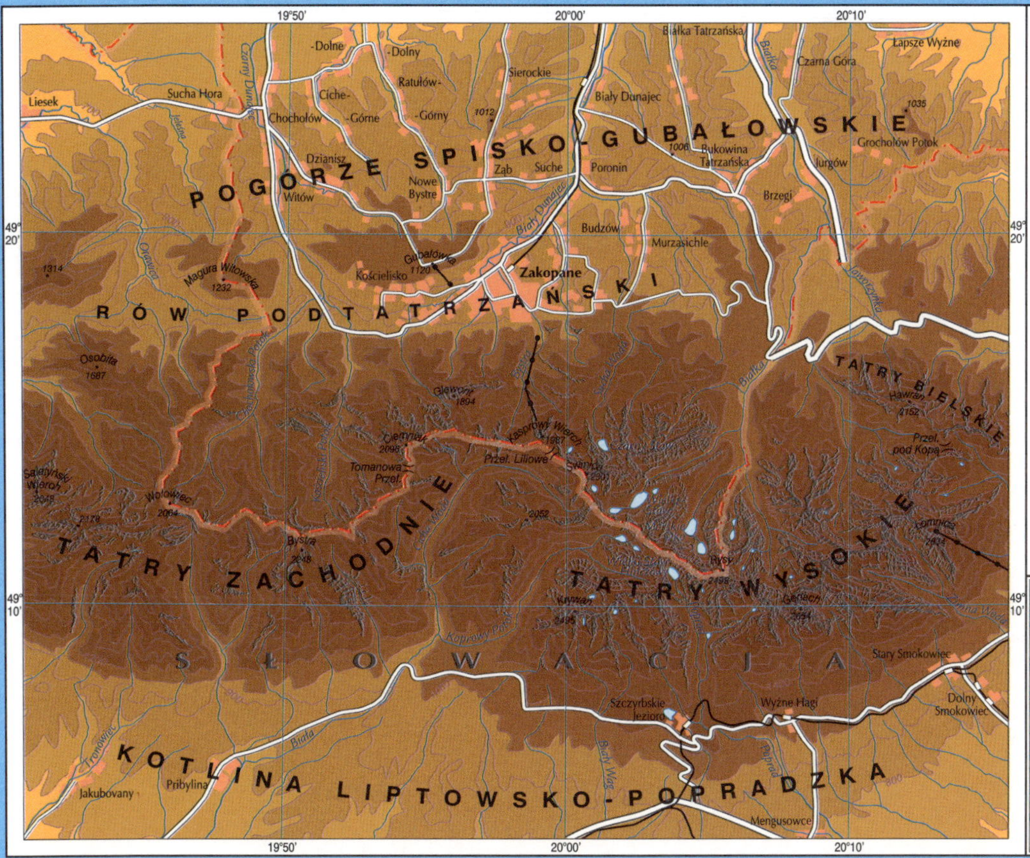

Ukształtowanie powierzchni Tatr

2 0 2 4 6 8 km

- drogi główne jednojezdniowe
- drogi drugorzędne
- drogi inne
- koleje, stacje kolejowe
- kolejki linowe i linowo-terenowe
- rzeki
- jeziora, stawy
- 1894 punkty wysokościowe
-)(przełęcze
- skały
- obszary zabudowane
- granica państwa

wysokość m n.p.m.: 2400, 2200, 2000, 1800, 1600, 1400, 1200, 1100, 1000, 900, 800, 700, 600, 550

zasięg map

Krajobraz Tatr

2 0 2 4 6 8 km

Krajobrazy naturalne

- piętro lasów
- piętro kosodrzewiny
- piętro hal
- piętro turni
- rzeki, jeziora, stawy
- jaskinie
- 1894 punkty wysokościowe
-)(przełęcze
- 1200 poziomice

Krajobrazy kulturowe

- zabudowa miast
- zabudowa wsi
- tereny przemysłowe
- piętro upraw (użytki rolne)
- drogi główne jednojezdniowe
- drogi drugorzędne
- drogi inne
- koleje, stacje kolejowe
- kolejki linowe i linowo-terenowe
- szałasy pasterskie
- granica państwa
- granica parku narodowego

Przyroda Tatr

Aby ochronić krajobraz Tatr jako gór typu alpejskiego oraz bogactwo występujących tu gatunków roślin i zwierząt, utworzono park narodowy. Tatrzański Park Narodowy wraz z parkiem po stronie słowackiej tworzy rezerwat biosfery UNESCO.

Charakterystyczne dla Tatr są relikty trzeciorzędowe i endemity, do których należą skalnica tatrzańska, ostróżka tatrzańska i kostrzewa tatrzańska. Spośród 100 gatunków roślin kwiatowych najbardziej znane są szarotka, tłustosz alpejski, dziewięćsił bezłodygowy i różne gatunki skalnic. Piętro regla górnego tworzy bór świerkowy z występującą limbą.

Najbardziej znanymi przedstawicielami fauny Tatr są kozice i świstaki, które objęto ochroną już w 1868 r. Ponadto występują tu niedźwiedzie brunatne, gronostaje, rysie. Z charakterystycznych ptaków w Tatrach żyją orły przednie, pomórniki, płochacze halne i pluszcze.

Tatry Wysokie – Orla Perć

Tatry Zachodnie – wylot jaskini

Turystyka

Początki rozwoju masowej turystyki w Tatrach sięgają połowy XIX w. Popularyzatorem ich walorów krajobrazowych i przyrodniczych był Tytus Chałubiński.

Tatry są najliczniej odwiedzanym regionem turystycznym w Polsce, w którym sezon trwa cały rok. Głównym ośrodkiem turystycznym i punktem wypadowym do wyjścia na szlaki górskie jest Zakopane. Wśród najchętniej odwiedzanych przez turystów miejsc w Tatrach Zachodnich są doliny: Kościeliska i Chochołowska. W Tatrach Wysokich najbardziej popularny cel wycieczek to Giewont oraz Kasprowy Wierch, na który wjeżdża kolej linowa z Kuźnic.

Górale w strojach regionalnych

W Zakopanem można zwiedzać Muzeum Tatrzańskie, prezentujące wystawy dotyczące przyrody, historii i sztuki ludowej Podhala. Od kilku lat miasto jest gospodarzem zawodów Pucharu Świata w skokach narciarskich.

Hawiarska Kapliczka w Dolinie Kościeliskiej

Tatry Zachodnie

SPIS TREŚCI